Das OnePlus Nord CE4-Benutzerhandbuch

Schöpfen Sie das Potenzial Ihres Telefons aus: Tipps, Tricks und versteckte Funktionen

Von

Alaina Cox

Urheberrecht © 2024 Alaina Cox

Alle Rechte vorbehalten. Kein Teil dieses Buches darf ohne schriftliche Genehmigung des Autors in irgendeiner Form oder mit irgendwelchen Mitteln, weder elektronisch noch mechanisch, einschließlich Fotokopieren, Aufzeichnen oder durch ein Informationsspeicher- und -abrufsystem, reproduziert oder übertragen werden.

Dieses Buch ist ein Sachbuch. Die geäußerten Ansichten sind ausschließlich die des Autors und nicht notwendigerweise die Ansichten des Herausgebers, und der Herausgeber lehnt hiermit jegliche Verantwortung dafür ab.

Inhaltsverzeichnis

Einführung   **6**
Lernen Sie Ihr neues Smartphone kennen: Eine Führung   **8**
    Einschalten und loslegen: Richten Sie Ihren Nord CE4 wie ein Profi ein   11
    Bonus-Tipp: Den Fingerabdrucksensor beherrschen (und versteckte Funktionen freischalten!)   14
Teil 1: Die Grundlagen erobern   **16**
Kapitel 1: Navigation Nirvana   **16**
    Gesten vs. Tasten: Beherrschen Sie Ihren Steuerungstyp   16
    Anpassen des Startbildschirms: Machen Sie ihn zu Ihrem!   19
    App Drawer dekodiert: Organisieren Sie Ihr digitales Leben   22
    Trick Alert: Die Multi-Window-Verknüpfung für ultmative Effizienz   24
Kapitel 2: Kommunikationszentrale   **28**
    Bringen Sie Ihre Anrufe auf die nächste Ebene: Funktionen, von denen Sie nicht wussten, dass sie existieren   28
Kapitel 3: Das Internet wartet   **32**
    Surfen wie ein Boss: Beherrschen Sie Ihren bevorzugten Webbrowser   32
    So verbinden Sie Ihr OnePlus Nord CE4 mit dem PC   34
    Bonus-Tipp: Dateien wie ein Profi herunterladen   36
Teil 2: Entfesseln Sie Ihre Kreativität   **40**
Kapitel 4: Der ultimative Kameraführer.   **40**
    Fotomodus-Magie: Atemberaubende Aufnahmen machen   44
    Leistung im Profi-Modus: Entfesseln Sie Ihren inneren Fotografen   47
    Tipp: Nachtfotografie-Hacks für atemberaubende Ergebnisse   50
    Versteckte Funktion: Entfesseln Sie die Kraft des Porträtmodus   53

Kapitel 5: Videostar   **56**

   Epische Videos aufnehmen: Einstellungen und Tipps für den Erfolg   56

   Bearbeiten wie ein Profi: Integrierte Tools zum Polieren Ihrer Meisterwerke   59

   Trick-Alarm: Zeitlupe und Zeitraffer: Bringen Sie Kreativität in Ihre Videos   61

Teil 3: Unterhaltung auf Abruf   **64**

Kapitel 6: Gaming-Ruhm   **64**

   Optimieren Sie Ihren Nord CE4 für reibungsloses Gameplay 64

   Game Space erkunden: Funktionen für jeden Gamer   68

   Versteckte Funktion: Erweiterte Spieleinstellungen freischalten 71

Kapitel 7: Musik-Maestro   **74**

   Streamen Sie Ihre Lieblingsmusik: Top-Musik-Apps   74

   Verwenden des integrierten Musikplayers: Erweiterte Funktionen, die Sie möglicherweise verpasst haben   76

   Trick Alert: Equalizer-Einstellungen für personalisierten Sound 79

Teil 4: Den Alltag meistern   **82**

Kapitel 8: Produktivitätskraftwerk   **82**

   Unverzichtbare Apps für jeden Bedarf   82

   Bleiben Sie organisiert mit Kalender und To-Do-Listen   86

   Versteckte Funktion: Notizen machen wie ein Profi mit versteckten Verknüpfungen   90

Kapitel 9: Sicherheitswissen   **94**

   Bildschirmsperre und Passwörter einrichten   94

   Schützen Sie Ihre Daten: Integrierte Sicherheitsfunktionen   97

   Tipp: Erweiterte Sicherheitsmaßnahmen: Gehen Sie über die Grundlagen hinaus   100

Teil 5: Über die Grundlagen hinaus: Tipps, Tricks und versteckte Schätze   **104**

Kapitel 10: Anpassungsecke   **104**

   Themen und Hintergrundbilder: Erstellen eines

personalisierten Looks 104

Benachrichtigungscenter: Beherrschen von Warnungen und Einstellungen 107

Versteckte Funktion: Anpassen der Schnelleinstellungen für den One-Tap-Zugriff 110

Kapitel 11: Button Bonanza: Tastenkombinationen und Gesten 114

Beherrschen von Gesten für bessere Navigationsfähigkeiten 114

Schalten Sie Navigationsgesten frei, von denen Sie nicht wussten, dass sie existieren 115

Abschluss 118

Teil 6: Anhang 120

Fehlerbehebung bei häufigen Problemen: Schnelle Lösungen für alltägliche Probleme 120

Glossar der Begriffe: Smartphone-Jargon entmystifizieren 124

Einführung

Willkommen in der Welt des OnePlus Nord CE4, einem brandneuen Smartphone, bei dem es darum geht, großartig zu sein, ohne das Budget zu sprengen. Dieses Telefon ist wie ein aufgeladener Computer in Ihrer Tasche, der bereit ist, alles zu tun, was Sie brauchen, und noch mehr.

Stellen Sie sich ein Telefon vor, das alle Ihre Apps, Spiele und Videos verarbeiten kann, ohne langsamer zu werden. Darum geht es beim Nord CE4. Es ist, als hätten Sie ein kleines Kraftpaket in der Hand, das alles, was Sie auf Ihrem Telefon tun, reibungslos und schnell erledigt.

Der Nord CE4 ist nicht nur leistungsstark, sondern sieht auch wirklich cool aus. Sie können zwischen zwei verschiedenen Stilen wählen – einer mit einer glänzenden Oberfläche, die im Licht ihre Farbe ändert (d. h. dunkles Chrom), und einer mit einer hellgrünen Farbe, die wie Marmor (Seladon-Marmor) aussieht. Es ist, als hätte man ein Kunstwerk, das man jeden Tag bei sich tragen kann.

Eines der wichtigsten Highlights des Nord CE4 ist sein Qualcomm Snapdragon 7 Gen 3-Chip, der eine bemerkenswerte Verbesserung der CPU-Leistung um 15 %, eine Steigerung der GPU-Leistung um 50 % und eine Verbesserung der Energieeffizienz um 20 % bietet. Dieser leistungsstarke Chipsatz sorgt für nahtloses Multitasking, flüssiges Gaming und effizientes Energiemanagement und setzt neue Maßstäbe für Mittelklasse-Smartphones.

Die Leute schwärmen vom Nord CE4, weil er erstklassige Funktionen zu einem Preis bietet, der die Bank nicht sprengt. Jeder wartet darauf, zu sehen, wie dieses Telefon das Spiel in der Welt der Smartphones verändern wird. Sehen wir uns an, was das Nord CE4 so besonders macht und warum es in der Smartphone-Welt für Aufsehen sorgt.

Lernen Sie Ihr neues Smartphone kennen: Eine Führung

Erste Eindrücke:

1. Schnapp dir dein Handy! Beginnen wir mit einem guten Blick darauf. Halten Sie es bequem in der Hand.
2. Vorne und in der Mitte: Drehen Sie das Telefon um, sodass der Bildschirm zu Ihnen zeigt. Dies ist die Vorderseite des Telefons. Beachten Sie, wie viel Platz das Display einnimmt.
3. Schöner Sucher: Am oberen Rand des Bildschirms sehen Sie eine kleine Kerbe oder einen Lochausschnitt. Das ist die nach vorne gerichtete Kamera, die Sie für Selfies und Videoanrufe verwenden.

Ein genauerer Blick:

Lassen Sie uns nun nacheinander die verschiedenen Teile Ihres Telefons erkunden.

- Vorderseite des Telefons:
    1. Herrliches Display: Die große Glasscheibe an der Vorderseite ist das Display des Telefons. Hier sehen Sie alle Ihre Apps, Spiele, Videos und mehr.
    2. Super Shooter (Frontkamera): Erinnern Sie sich an den kleinen Ausschnitt, den wir zuvor gesehen haben? Das ist die Frontkamera. Die Megapixelzahl (MP) ist normalerweise in den technischen Daten des Telefons angegeben (z. B. 16 MP). Je höher der MP, desto schärfer werden die Fotos.

- Drehen Sie es um: Die Rückseite
    1. Erinnerungen festhalten (Rückfahrkamerasystem): Drehen Sie Ihr Telefon um. Der Kamerabuckel auf der Rückseite beherbergt je nach Modell zwei oder mehr Objektive. Jedes Objektiv kann eine andere Megapixelzahl haben und einem bestimmten Zweck dienen. Die Hauptkamera hat normalerweise die höchsten MP.
        - Tipp: Wir werden in einem späteren Kapitel untersuchen, was jedes Kameraobjektiv bewirkt!
    2. Entsperren der Stromversorgung (Fingerabdrucksensor): Schauen Sie in die Mitte unten (oder manchmal auch weiter oben) auf der Rückseite. Möglicherweise sehen Sie ein kleines Rechteck oder einen kleinen Kreis. Das ist der Fingerabdrucksensor. Dies ist eine sichere Möglichkeit, Ihr Telefon mit Ihrem Fingerabdruck zu entsperren.
    3. Das ikonische OnePlus-Logo (optional): Möglicherweise erkennen Sie irgendwo auf der Rückseite das elegante OnePlus-Logo.
- Die Seiten: Knopf in der Mitte
    1. Power-Button-Chef: Auf der rechten Seite (normalerweise) finden Sie den Power-Button. Mit dieser Taste schalten Sie Ihren Bildschirm ein und aus, wecken das Telefon im Ruhezustand und können bei Bedarf zum Neustarten des Telefons verwendet werden.
    2. Lautstärke erhöhen und verringern: Direkt neben dem Netzschalter (oder manchmal auf der gegenüberliegenden Seite) finden Sie die

Lautstärketasten. Verwenden Sie diese, um die Lautstärke Ihrer Musik, Videos, Klingeltöne und Anrufe zu steuern.
3. Alarmschieberegler (OnePlus-Sonderfunktion): Einige OnePlus-Telefone verfügen über einen speziellen Schieberegler an der Seite. Dies ist der Alarmschieberegler. Damit können Sie schnell zwischen den Modi „Stumm", „Vibrieren" und „Klingeln" wechseln.
- Oben und unten: Das Wesentliche
  1. Sprechzeit (Mikrofon): An der Ober- oder Unterseite Ihres Telefons befinden sich möglicherweise ein oder zwei kleine Löcher. Das sind die Mikrofone. Sie erfassen Ihre Stimme bei Anrufen und wenn Sie Sprachassistenten verwenden.
  2. Einschalten (USB-C-Anschluss): Auf der Unterseite finden Sie den Ladeanschluss. Dies ist normalerweise ein USB-C-Anschluss. Mit dem mitgelieferten Ladekabel schließen Sie Ihr Telefon an diesen Anschluss an, um es mit Strom zu versorgen. Dieser Port kann auch zum Übertragen von Dateien von und zu Ihrem Computer verwendet werden.
  3. Hear Me Now (Lautsprechergitter): Suchen Sie nach einem dünnen Schlitz oder einer Netzöffnung an der Unterseite (oder manchmal auch an der Seite). Das ist das Lautsprechergitter. Hier kommt der Ton aus Ihrem Telefon, etwa wenn Sie Musik hören, Videos ansehen oder über die Freisprecheinrichtung telefonieren.

Hier ein kleiner Vorgeschmack! Möchten Sie einen Screenshot machen? Streichen Sie mit drei Fingern schnell von oben nach unten über den Bildschirm. Wir werden später mehr dieser Tricks untersuchen!

Einschalten und loslegen: Richten Sie Ihren Nord CE4 wie ein Profi ein

Sie haben sich mit der Hardware Ihres OnePlus Nord CE4 vertraut gemacht. Lassen Sie es uns jetzt aktivieren und nach Ihren Wünschen personalisieren.

Hier ist eine Schritt-für-Schritt-Anleitung zum Einrichten Ihres Telefons:

Schritt 1: Aufladen!

1. Finden Sie Ihr Ladegerät: Suchen Sie das mitgelieferte USB-C-Ladekabel und das Netzteil.
2. Schließen Sie es an: Verbinden Sie das USB-C-Ende des Kabels mit dem Ladeanschluss Ihres Telefons (normalerweise unten). Stecken Sie dann das andere Ende des Kabels in das Netzteil.
3. An die Stromversorgung anschließen: Stecken Sie das Netzteil in eine Steckdose. Auf dem Bildschirm Ihres Telefons sollte eine Ladeanzeige angezeigt werden.

Schritt 2: Einschalten!

1. Suchen Sie den Netzschalter

2. Drücken und halten: Halten Sie die Ein-/Aus-Taste einige Sekunden lang gedrückt. Das Telefon vibriert und auf dem Bildschirm leuchtet das OnePlus-Logo auf.

Schritt 3: Willkommen! Lassen Sie uns Ihre Sprache wählen

1. Sprachauswahl: Sie sehen einen Begrüßungsbildschirm mit einer Liste von Sprachen. Wählen Sie Ihre bevorzugte Sprache, indem Sie darauf tippen.

Schritt 4: Stellen Sie eine WLAN-Verbindung her

1. Auswahl des Wi-Fi-Netzwerks: Das Telefon sucht nach verfügbaren Wi-Fi-Netzwerken.
2. Wählen Sie Ihr Netzwerk aus: Tippen Sie auf den Namen Ihres WLAN-Netzwerks.
3. Passwort eingeben (falls erforderlich): Wenn Ihr WLAN-Netzwerk über ein Passwort verfügt, müssen Sie es jetzt eingeben. Geben Sie Ihr Passwort über die Bildschirmtastatur ein.
4. Verbinden: Nachdem Sie das Passwort eingegeben haben, tippen Sie auf „Verbinden".

Schritt 5: Anmeldung mit dem Google-Konto (dies ist optional, wird aber empfohlen)

1. Mit Google anmelden (optional): Ein Google-Konto ermöglicht Ihnen den Zugriff auf viele nützliche Funktionen auf Ihrem Telefon, wie das Herunterladen von Apps aus dem Google Play Store, das Synchronisieren Ihrer Kontakte und Ihres Kalenders sowie die Nutzung von Google-Diensten wie Gmail und YouTube.

2. Habe bereits ein Google-Konto? Wenn Sie bereits über ein Google-Konto verfügen, geben Sie zum Anmelden Ihre E-Mail-Adresse und Ihr Passwort ein.
3. Neu bei Google? Wenn Sie noch kein Google-Konto haben, können Sie hier eines erstellen, indem Sie den Anweisungen auf dem Bildschirm folgen.

Schritt 6: Datum und Uhrzeit

1. Zeitzone einstellen: Das Telefon versucht, Ihre Zeitzone, basierend auf Ihrer WLAN-Verbindung, automatisch festzulegen. Sie können dies bestätigen oder bei Bedarf eine andere Zeitzone auswählen.

Schritt 7: Datenübertragung (optional)

1. Übertragen vom alten Telefon (optional): Wenn Sie von einem alten Telefon wechseln, können Sie Ihre Daten (Kontakte, Fotos usw.) auf Ihr neues Nord CE4 übertragen. Abhängig vom Betriebssystem Ihres alten Telefons gibt es hierfür mehrere Möglichkeiten. Das Telefon führt Sie durch den Vorgang.
2. Kein Transfer nötig? Wenn Sie neu beginnen oder die Daten später übertragen, können Sie diesen Schritt vorerst überspringen.

Schritt 8: Fingerabdruck Sicherheit (optional, aber empfohlen)

1. Fingerabdruck-Magie: Das Einrichten einer Fingerabdruck-Entsperrung ist eine sichere Möglichkeit, Ihr Telefon zu entsperren.

Schritt 9: Allgemeine Geschäftsbedingungen

1. Lesen und stimmen Sie zu: Nehmen Sie sich etwas Zeit, die Allgemeinen Geschäftsbedingungen zu lesen, bevor Sie fortfahren. Wenn Sie zufrieden sind, tippen Sie auf „Zustimmen", um fortzufahren.

Bonus-Tipp: Den Fingerabdrucksensor beherrschen (und versteckte Funktionen freischalten!)

Der Fingerabdrucksensor Ihres OnePlus Nord CE4 ist eine bequeme und sichere Möglichkeit, Ihr Telefon zu entsperren. Aber wussten Sie, dass es mehr kann? So meistern Sie den Fingerabdrucksensor und entsperren einige versteckte Funktionen!

Den Fingerabdruck Scan meistern:

1. Die Registrierung ist der Schlüssel: Während der Einrichtung haben Sie möglicherweise einen oder mehrere Fingerabdrücke registriert. Wenn nicht, gehen Sie zu Einstellungen > Sicherheit & Sperrbildschirm > Fingerabdruck-Entsperrung, um Ihre Fingerabdrücke hinzuzufügen oder zu verwalten.
2. Auf die Platzierung kommt es an: Legen Sie beim Entsperren Ihren Finger sanft ein oder zwei Sekunden lang auf den Fingerabdrucksensor. Stellen Sie sicher, dass Ihre Fingerspitze guten Kontakt mit dem Sensor hat (vermeiden Sie nasse oder schmutzige Finger).

3. Mehrere Fingerabdrücke = mehr Komfort: Registrieren Sie mehrere Finger (Daumen, Zeigefinger), um das Entsperren aus verschiedenen Winkeln zu erleichtern.

Die Verfügbarkeit dieser Funktionen kann je nach Ihrem spezifischen OnePlus Nord CE4-Modell und der Softwareversion variieren.

1. Schneller App-Start: Bei einigen OnePlus-Telefonen können Sie bestimmte Apps durch Tippen und Halten per Fingerabdruck starten. Tippen Sie beispielsweise auf den Fingerabdrucksensor und halten Sie ihn gedrückt, um Ihre Kamera-App sofort zu öffnen. (Möglicherweise gibt es hierfür eine Option unter „Einstellungen" -> „Sicherheit & Sperrbildschirm" -> „Entsperren per Fingerabdruck").
2. Zugriff auf die App-Schublade: Während der Zugriff auf die App-Schublade normalerweise durch Wischen nach oben erfolgt, können Sie bei einigen Modellen darauf zugreifen, indem Sie mit Ihrem Fingerabdruck auf den Sensor tippen und ihn gedrückt halten. (Überprüfen Sie die Einstellungen für solche Optionen).
3. Fotos machen: Ob Sie es glauben oder nicht, bei einigen OnePlus-Telefonen können Sie Fotos mit dem Fingerabdrucksensor aufnehmen! Dies kann bei Selfies oder Gruppenfotos hilfreich sein, bei denen Sie nicht zum Auslöser greifen möchten. (Durchsuchen Sie die Kameraeinstellungen, um festzustellen, ob diese Funktion verfügbar ist.)

Teil 1: Die Grundlagen erobern

Kapitel 1: Navigation Nirvana

Gesten vs. Tasten: Beherrschen Sie Ihren Steuerungstyp

Das OnePlus Nord CE4 bietet zwei Haupt-Navigationsmethoden: Bildschirmtasten und herkömmliche Navigationstasten. Dieses Kapitel führt Sie durch beide Optionen und hilft Ihnen bei der Auswahl des Steuerungs Stils, der am besten zu Ihnen passt.

Beherrschen der Seitennavigation:

Die Gesten Navigation nutzt Wischbewegungen und Gesten auf dem Bildschirm, um Ihr Telefon zu steuern. Es sorgt für ein sauberes, immersives Gefühl und maximiert die Bildschirmfläche. Hier sind die wesentlichen Gesten:

- Zurück: Wischen Sie vom linken Bildschirmrand zur Mitte.
- Home: Wischen Sie von der unteren Mitte des Bildschirms nach oben.
- Zuletzt verwendete Apps: Wischen Sie von der unteren Mitte des Bildschirms nach oben und halten Sie kurz gedrückt, um Ihre zuletzt verwendeten Apps anzuzeigen.
- App-Wechsel: Wischen Sie vom linken oder rechten Rand des Bildschirms (je nach Einstellung), um schnell zwischen kürzlich verwendeten Apps zu wechseln.

Vorteile von Gesten:

- Sauber und eindringlich: Gesten sorgen für ein klareres Erscheinungsbild, da die Navigationsschaltflächen vom Bildschirm entfernt werden und eine unterbrechungsfreiere Ansicht Ihrer Apps und Inhalte ermöglicht.
- Intuitive Steuerung: Das Wischen fühlt sich für viele Benutzer natürlich an, insbesondere für diejenigen, die mit anderen gesten basierten Benutzeroberflächen vertraut sind.
- Zusätzlicher Platz auf dem Bildschirm: Durch das Entfernen der Tasten und Gesten erhalten Sie mehr Platz auf dem Bildschirm für Ihre Apps und Spiele.

Nachteile von Gesten:

- Lernkurve: Wenn Sie mit Gesten noch nicht vertraut sind, kann es einige Zeit dauern, bis Sie sich an die Wischbewegungen gewöhnt haben.
- Versehentliches Wischen: Versehentliches Wischen von den Rändern kann manchmal unbeabsichtigte Aktionen auslösen.

Traditionelle Navigationsschaltflächen:

Herkömmliche Navigationstasten bieten eine vertraute Steuerungsmethode für diejenigen, die einen physischen Tasten Ansatz bevorzugen. Die Schaltflächen sind immer am unteren Bildschirmrand sichtbar:

- Zurück-Schaltfläche: Tippen Sie auf diese Schaltfläche, um zum vorherigen Bildschirm zurückzukehren.
- Home-Schaltfläche: Tippen Sie auf diese Schaltfläche, um zum Startbildschirm zurückzukehren.

- Schaltfläche „Letzte Apps": Tippen Sie auf diese Schaltfläche, um Ihre zuletzt verwendeten Apps anzuzeigen.

Vorteile von Knöpfen:

- Vertraut und einfach zu bedienen: Das Layout der Tasten ist für viele Benutzer, insbesondere für Benutzer anderer Telefonmarken, vertraut.
- Kein versehentliches Wischen: Tasten sind im Vergleich zu Gesten weniger anfällig für versehentliche Aktivierung.
- Immer sichtbar: Sie können die Schaltflächen immer sehen und darauf zugreifen, im Gegensatz zu Gesten, die bestimmte Wischbewegungen erfordern.

Nachteile von Knöpfen:

- Nimmt Platz auf dem Bildschirm ein: Die Tasten nehmen einen kleinen Teil der Bildschirmfläche ein und verkleinern so den Anzeigebereich für Ihre Apps und Inhalte.
- Weniger immersiv: Im Vergleich zu einer gestenbasierten Benutzeroberfläche können Schaltflächen die Immersion unterbrechen.

Der beste Steuerungs Stil hängt von Ihren persönlichen Vorlieben ab. Hier sind einige Tipps, die Ihnen bei der Entscheidung helfen sollen:

- Versuchen Sie beides! Verbringen Sie etwas Zeit damit, sowohl Gesten als auch Tasten zu verwenden, um herauszufinden, was sich für Sie angenehmer und intuitiver anfühlt.

- Berücksichtigen Sie die Bildschirmgröße: Wenn Sie ein großes Telefon haben, sind Gesten möglicherweise einfacher mit einer Hand zu bedienen.
- Auf Gewohnheit kommt es an: Wenn Sie die Tasten früherer Telefone gewohnt sind, bevorzugen Sie diese möglicherweise zunächst. Für ein moderneres Erlebnis sind Gesten jedoch einen Versuch wert.

Egal für welchen Stil Sie sich entscheiden, mit ein wenig Übung werden Sie Ihr OnePlus Nord CE4 wie ein Meister steuern!

Anpassen des Startbildschirms: Machen Sie ihn zu Ihrem!

Der Startbildschirm ist Ihr Zugang zu allem auf Ihrem Telefon. Hier finden Sie Ihre am häufigsten verwendeten Apps, Spiele und Widgets. Das Standardlayout ist jedoch möglicherweise nicht für jeden ideal.

Den Startbildschirm verstehen:

- Startbildschirm vs. App-Schublade: Der Startbildschirm ist der erste Bildschirm, den Sie sehen, wenn Sie Ihr Telefon entsperren oder die Home-Taste drücken. Es kann App-Symbole, Widgets und Verknüpfungen enthalten. In der App-Schublade werden alle Ihre installierten Apps gespeichert. Du kannst

Einfache Anpassung:

Hier ist eine Schritt-für-Schritt-Anleitung zur Personalisierung Ihres Startbildschirms:

1. **Langes Drücken auf einen leeren Bereich:** Tippen und halten Sie einen leeren Bereich auf Ihrem Startbildschirm, bis ein Menü angezeigt wird.
2. **Personalisierungsoptionen:** Dieses Menü bietet verschiedene Optionen zum Anpassen Ihres Startbildschirms. Hier sind einige der häufigsten:
    - Hintergrundbild: Ändern Sie das Hintergrundbild Ihres Startbildschirms. Sie können aus vorinstallierten Optionen und Ihren eigenen Fotos wählen oder sogar Hintergrundbilder online herunterladen.
    - Widgets: Widgets sind Mini-Apps, die Informationen oder schnellen Zugriff auf Funktionen direkt auf Ihrem Startbildschirm bereitstellen. Das OnePlus Nord CE4 verfügt wahrscheinlich über integrierte Widgets für Wetter, Kalender, Uhr und Musikplayer. Sie können auch Widgets von anderen heruntergeladenen Apps hinzufügen.
    - Startbildschirm Einstellungen (optional): Mit dieser Option können Sie möglicherweise das Startbildschirm Raster (Anzahl der Zeilen und Spalten für App-Symbole) ändern, die App-Schublade aktivieren/deaktivieren und Übergangseffekte anpassen.

Hinzufügen von Apps und Widgets:

1. Zugriff auf die App-Schublade: Wischen Sie vom unteren Rand Ihres Startbildschirms nach oben, um auf die App-Schublade zuzugreifen.
2. Finden Sie Ihre App: Suchen Sie die App, die Sie Ihrem Startbildschirm hinzufügen möchten.
3. Drag-and-Drop: Tippen Sie auf das App-Symbol und halten Sie es gedrückt, bis es vom Bildschirm abgehoben wird. Ziehen Sie es dann an eine leere Stelle auf Ihrem Startbildschirm und lassen Sie es los.

Widgets hinzufügen:

1. Auf Widgets zugreifen: Tippen Sie im Anpassungsmenü des Startbildschirms (langes Drücken auf eine leere Stelle) auf „Widgets".
2. Wählen Sie Ihr Widget: Durchsuchen Sie die verfügbaren Widgets und finden Sie das Widget, das Sie hinzufügen möchten.
3. Drag & Drop: Tippen Sie auf das Widget und halten Sie es gedrückt, bis es vom Bildschirm abgehoben wird. Ziehen Sie es dann an eine leere Stelle auf Ihrem Startbildschirm und lassen Sie es los.

Organisieren Sie Ihre Apps:

- Drag & Drop: Sie können App-Symbole und Widgets auf Ihrem Startbildschirm neu anordnen, indem Sie sie einfach antippen, halten und an neue Orte ziehen.
- Ordner: Für ein übersichtlicheres Erscheinungsbild erstellen Sie Ordner, um ähnliche Apps zu gruppieren. Ziehen Sie ein App-Symbol per Drag-and-Drop auf eine andere App, um einen Ordner zu erstellen. Sie können den Ordner umbenennen, indem Sie auf seinen Namen tippen.

Wussten Sie, dass Sie die App-Symbole selbst ändern können? Bei einigen Launcher-Apps (alternative Startbildschirm-Apps) können Sie App-Symbole mit benutzerdefinierten Symbolpaketen aus dem Internet anpassen. Dies kann Ihrem Telefon ein wirklich einzigartiges Aussehen verleihen!

App Drawer dekodiert: Organisieren Sie Ihr digitales Leben

Der App-Drawer ist der digitale Dachboden Ihres OnePlus Nord CE4. Hier befinden sich alle Ihre installierten Apps und warten darauf, freigegeben zu werden! Aber bei so vielen Apps kann es überwältigend sein, die Dinge organisiert zu halten. In diesem Kapitel erfahren Sie, wie Sie Ihre App-Schublade in den Griff bekommen und das Finden der benötigten Inhalte zum Kinderspiel machen.

Den App Drawer verstehen:

- Zugangspunkt: Auf die App-Schublade können Sie normalerweise mit einer Wischgeste nach oben vom unteren Rand Ihres Startbildschirms zugreifen.
- App Haven: Die App-Schublade beherbergt alle Ihre installierten Apps, auch diejenigen, die keine Verknüpfungen auf Ihrem Startbildschirm haben.

Das App-Drawer-Chaos überwinden:

Hier sind einige Möglichkeiten, Ihre App-Schublade zu organisieren und Ihre App-Suche zu optimieren:

1. Integrierte Kategorien (optional): Einige OnePlus Nord CE4-Modelle verfügen möglicherweise über vordefinierte Kategorien in der App-Schublade, wie „Soziale Netzwerke", „Unterhaltung" oder „Produktivität". Dies bietet eine grundlegende Organisationsebene.
2. Manuelle Sortierung (am häufigsten): Die häufigste Methode besteht darin, Apps manuell anzuordnen. Hier ist wie:
    - Langes Drücken auf einen leeren Bereich: Tippen und halten Sie einen leeren Bereich in der App-Schublade, bis ein Menü angezeigt wird.
    - Apps verwalten (oder eine ähnliche Option): Suchen Sie nach einer Option namens „Apps verwalten" oder einer ähnlichen Option. Dadurch gelangen Sie möglicherweise zu einem Einstellungsmenü für die App-Verwaltung.
    - Sortieroptionen: In den App-Drawer-Einstellungen sollten Sie Optionen finden, um Ihre Apps alphabetisch, nach zuletzt verwendeter App oder nach benutzerdefinierter Reihenfolge zu sortieren.
3. Ordner erstellen (dringend empfohlen): Das Gruppieren ähnlicher Apps in Ordnern ist eine leistungsstarke Organisationstechnik. So geht's:
    - Tippen und halten Sie ein App-Symbol: Tippen Sie in der App-Schublade auf ein App-Symbol und halten Sie es gedrückt, bis es vom Bildschirm abgehoben wird.
    - Ziehen und Ablegen auf eine andere App: Halten Sie das App-Symbol gedrückt und ziehen Sie es auf eine andere App, die zur gleichen Kategorie gehört (z. B. Social-Media-Apps zusammen). Dadurch wird ein Ordner erstellt, der beide Apps enthält.

- o Benennen Sie den Ordner um: Tippen Sie auf den Ordnernamen, um ihn in einen aussagekräftigen Namen umzubenennen, beispielsweise „Social Media".
- o Wiederholen und organisieren: Wiederholen Sie diesen Vorgang, um Ordner für andere App-Kategorien wie Produktivität, Spiele oder Einkaufen zu erstellen.

Trick Alert: Die Multi-Window-Verknüpfung für ultimative Effizienz

Das Jonglieren mehrerer Apps auf Ihrem OnePlus Nord CE4 kann die Produktivität oder Unterhaltung entscheidend verändern.

Die Multi-Window-Magie:

Mit der Multi-Window-Funktion können Sie zwei Apps gleichzeitig öffnen und auf Ihrem Bildschirm ausführen. Dies ist perfekt für Situationen wie:

- Beim Surfen im Internet E-Mails abrufen.
- Befolgen Sie ein Rezept und schauen Sie sich gleichzeitig ein Koch-Tutorial an.
- Machen Sie sich während einer Vorlesung oder eines Online-Meetings Notizen.

Die genaue Methode zum Aktivieren von Multi-Window kann je nach Modell und Softwareversion Ihres OnePlus Nord CE4 variieren. Hier sind zwei gängige Methoden:

Methode 1: Schaltfläche „Letzte Apps".

1. Öffnen Sie die App, die Sie im Multi-Window-Modus verwenden möchten.
2. Tippen Sie auf die Schaltfläche „Letzte Apps". Diese Schaltfläche befindet sich normalerweise unten in der Mitte der Navigationsleiste (oder kann je nach Ihren Einstellungen mit einer Geste aufgerufen werden).
3. Tippen Sie auf das App-Symbol mit den drei Punkten. Wenn Sie die Liste der zuletzt verwendeten Apps sehen, suchen Sie die App, die Sie im Mehrfenstermodus verwenden möchten. Neben dem App-Symbol sollten drei vertikale Punkte angezeigt werden.
4. Wählen Sie „Im geteilten Bildschirm öffnen" (oder eine ähnliche Option). Wenn Sie auf diese Option tippen, wird die ausgewählte App in der oberen Hälfte des Bildschirms gestartet.

Methode 2: Letzte Wischgeste (optional):

1. Öffnen Sie die App, die Sie im Multi-Window-Modus verwenden möchten.
2. Wischen Sie vom unteren Bildschirmrand nach oben und halten Sie kurz gedrückt. Mit dieser Geste sollte die Liste der zuletzt verwendeten Apps angezeigt werden.
3. Wischen Sie auf der App-Vorschau, die Sie im Mehrfenstermodus verwenden möchten, nach oben. Anstatt auf das App-Symbol zu tippen, wischen Sie im Vorschaufenster der App, die Sie im Multi-Window-Modus verwenden möchten, nach oben. Dadurch wird es in der oberen Hälfte des Bildschirms gestartet.

Fenstergröße ändern und anpassen:

- Ziehen Sie die schwarze Trennlinie: Sobald Sie zwei Apps in mehreren Fenstern geöffnet haben, können Sie die Größe jedes Fensters anpassen, indem Sie die schwarze Trennlinie ziehen, die sie trennt.
- Vollbild für eine App (optional): Wischen Sie auf der Trennlinie ganz nach oben, um eine App zu maximieren und die andere auszublenden. Wischen Sie oben in der ausgeblendeten App nach unten, um zur geteilten Bildschirmansicht zurückzukehren.
- Multi-Window schließen: Wischen Sie oben in einem der App-Fenster nach unten, um es zu schließen und den Multi-Window-Modus zu verlassen.

Bei einigen OnePlus-Telefonen mit einer speziellen „Game Space"-Funktion können Sie möglicherweise App-Paare für mehrere Fenster erstellen. Dadurch können Sie zwei bestimmte Apps gleichzeitig mit einem einzigen Tastendruck starten. Erkunden Sie die Einstellungen Ihres Telefons nach solchen Optionen, insbesondere wenn Sie ein Modell haben, das auf Spiele ausgerichtet ist.

Kapitel 2: Kommunikationszentrale

Bringen Sie Ihre Anrufe auf die nächste Ebene: Funktionen, von denen Sie nicht wussten, dass sie existieren

Ihr OnePlus Nord CE4 kann mehr als nur einfache Anrufe tätigen.

Anrufer-ID und Spam-Blockierung:

- Unbekannte Nummern identifizieren: Sind Sie es leid, unbekannte Anrufe zu beantworten? Aktivieren Sie die Anrufer-ID-Funktionen in den Einstellungen Ihres Telefons. Dadurch können der Name oder Informationen zu eingehenden Telefonnummern angezeigt werden, was Ihnen bei der Entscheidung hilft, ob Sie antworten möchten. Einige Funktionen erkennen möglicherweise sogar potenzielle Spam-Anrufe und ermöglichen es Ihnen, diese zu blockieren.

Funktionen während des Anrufs, die Sie möglicherweise nicht kennen:

- Anrufe aufzeichnen (optional): Bei einigen OnePlus-Telefonen können Sie Telefongespräche aufzeichnen, sofern in Ihrer Region entsprechende rechtliche Bestimmungen vorliegen. Dies kann hilfreich sein, um wichtige Details zu erfassen oder später auf Informationen zurückzugreifen. Erkunden Sie Ihre Anrufaufzeichnungsoptionen in den Einstellungen der Telefon-App oder während eines aktiven Anrufs

(konsultieren Sie die örtlichen Gesetze zur Anrufaufzeichnung).
- Anrufnotizen (optional): Während eines Anrufs können Sie möglicherweise direkt in der Telefon-App Notizen machen. Dies kann nützlich sein, um wichtige Informationen oder Aktionspunkte aufzuschreiben, die während des Anrufs besprochen wurden.
- Anrufweiterleitung (erweitert): Müssen Sie einen Anruf an einen Kollegen oder an die Voicemail weiterleiten? Suchen Sie während eines aktiven Anrufs nach der Weiterleitungsoption (normalerweise durch ein Pfeilsymbol gekennzeichnet). Dies kann hilfreich sein, um Anrufe an die am besten geeignete Person weiterzuleiten.

Visuelle Voicemail (optional):

- Auf Wiedersehen, Roboter-Voicemail!: Visuelle Voicemail, sofern auf Ihrem Telefon verfügbar, ersetzt das herkömmliche Roboter-Voicemail-System durch eine visuelle Schnittstelle. Sie sehen eine Liste Ihrer Voicemails mit Anruferinformationen und Zeitstempeln, sodass Sie diese nach Belieben priorisieren und anhören können. Erkunden Sie die Voicemail-Einstellungen, um visuelle Voicemail zu aktivieren, sofern verfügbar.

Multitasking während eines Anrufs:

- Bild-in-Bild (optional): Bei einigen OnePlus-Telefonen können Sie den Anrufbildschirm in einem kleineren schwebenden Fenster minimieren, während Sie andere Apps verwenden. Dies ist nützlich, wenn Sie während eines Anrufs auf Informationen in einer anderen App zugreifen oder schnelle Notizen machen müssen.

- Freisprech- und Stummschaltoptionen: Legen Sie Anrufe auf die Freisprecheinrichtung, um Gespräche freihändig zu führen, oder verwenden Sie die Stummschalttaste, um Ihr Mikrofon während eines Anrufs vorübergehend stummzuschalten.

Erweiterte Anrufeinstellungen (optional):

- Anrufsperre: Über potenziellen Spam hinaus, der von Ihrem Telefon erkannt wird, können Sie bestimmte Nummern manuell blockieren, um zu verhindern, dass sie Sie erneut anrufen. Greifen Sie in den Einstellungen Ihres Telefons auf die Sperrliste zu.
- Anrufweiterleitung: Leiten Sie Ihre Anrufe an eine andere Nummer weiter, wenn Sie nicht erreichbar sind, indem Sie die Anrufweiterleitung in den Einstellungen Ihres Telefons aktivieren. Dies kann nützlich sein, wenn Sie unterwegs sind oder einen wichtigen Anruf auf einem anderen Gerät erwarten.

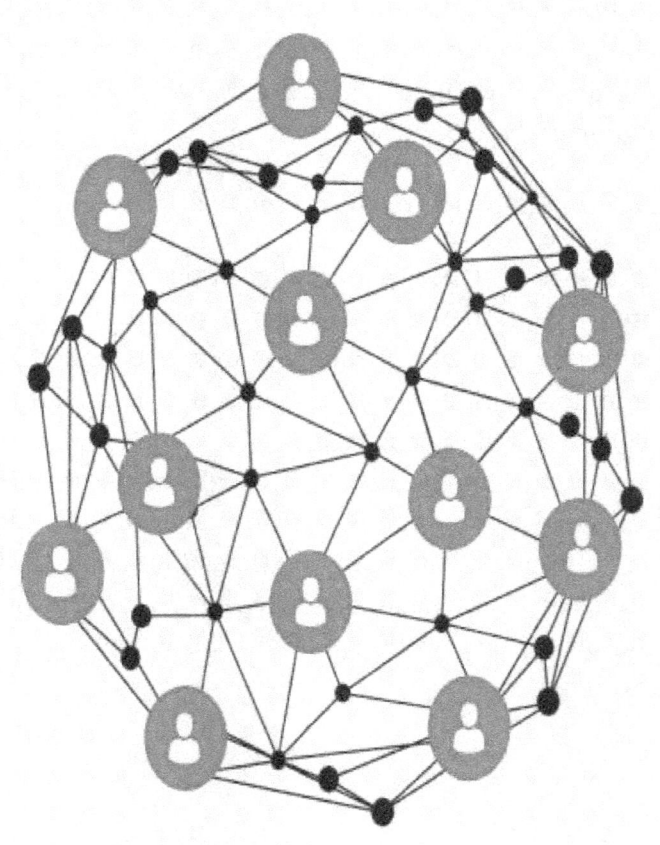

Kapitel 3: Das Internet wartet

Surfen wie ein Boss: Beherrschen Sie Ihren bevorzugten Webbrowser

Der Webbrowser ist Ihr Tor zur riesigen Welt des Internets. Hier navigieren Sie durch Websites, suchen nach Informationen und erkunden Online-Inhalte.

Gängige Webbrowser:

- Vorinstallierter Browser: Die meisten OnePlus-Telefone verfügen über einen vorinstallierten Webbrowser wie Chrome oder OnePlus Browser. Dies ist Ihr Ausgangspunkt für das Surfen im Internet.
- Alternative Browser: Sie können auch andere Webbrowser wie Firefox oder Microsoft Edge aus dem Google Play Store herunterladen und installieren.

Grundlegende Navigation:

1. Die Adressleiste: Die Adressleiste, die sich in den meisten Browsern oben befindet, zeigt die Webadresse (URL) der Website an, auf der Sie sich gerade befinden. Sie können hier auch eine URL eingeben, um eine bestimmte Website zu besuchen.
2. Die Suchleiste: Die Suchleiste, oft in die Adressleiste integriert, ermöglicht Ihnen die direkte Suche im Internet mithilfe von Schlüsselwörtern oder Phrasen.
3. Navigationsschaltflächen: Die meisten Browser verfügen über grundlegende Navigationsschaltflächen wie Zurück,

Vorwärts und Aktualisieren, um zwischen zuletzt besuchten Seiten zu wechseln und die aktuelle Seite neu zu laden.
4. Tabs: Mithilfe von Tabs können Sie mehrere Websites gleichzeitig öffnen. Sie können ganz einfach zwischen ihnen wechseln, indem Sie auf die gewünschte Registerkarte tippen.

Surfen wie ein Profi:

- Lesezeichen: Setzen Sie ein Lesezeichen für Ihre Lieblingswebsites, um schnell darauf zugreifen zu können. Tippen Sie auf das Sternsymbol (oder ähnliches) in der Adressleiste, um die aktuelle Seite mit einem Lesezeichen zu versehen. Sie können dann über ein spezielles Menü in Ihrem Browser auf Ihre Lesezeichen zugreifen.
- Verlauf: Ihr Browser speichert die von Ihnen besuchten Websites. Greifen Sie auf Ihren Browserverlauf zu, um zuvor angesehene Websites erneut zu besuchen.
- Inkognito-Modus: Im Inkognito-Modus privat surfen. In diesem Modus werden Ihr Browserverlauf und Ihre Cookies nicht gespeichert, was ein privateres Surfen im Internet ermöglicht.

Tipps für Power-User:

- Langes Drücken auf Links: Wenn Sie lange auf einen Link drücken, wird normalerweise ein Menü mit Optionen wie dem Öffnen des Links in einem neuen Tab, dem Kopieren der Linkadresse oder dem Teilen des Links mit anderen angezeigt.
- Wischgesten (optional): In einigen Browsern können Sie auf dem Bildschirm nach links oder rechts wischen, um zwischen Webseiten zu navigieren (ähnlich der

Gestennavigation). Erkunden Sie die Einstellungen Ihres Browsers für solche Optionen.
- Download-Manager: Mit Ihrem Browser können Sie Dateien aus dem Internet herunterladen. Verfolgen Sie Ihre Downloads mit dem Download-Manager, auf den Sie normalerweise über ein Menü in Ihrem Browser zugreifen.

Über die Grundlagen hinausgehend:

- Browsererweiterungen (optional): Bei einigen Browsern wie Chrome können Sie Erweiterungen installieren, die neue Features und Funktionalitäten hinzufügen. Durchsuchen Sie den Erweiterungsspeicher in Ihrem Browser, um nützliche Add-ons zu entdecken.
- Geräteübergreifend synchronisieren (optional): In vielen Browsern können Sie Ihre Lesezeichen, Ihren Verlauf und Ihre Passwörter auf verschiedenen Geräten (Telefon, Computer, Tablet) synchronisieren, wenn Sie sich mit demselben Konto anmelden.

Indem Sie diese Navigationstipps beherrschen und erweiterte Funktionen erkunden, verwandeln Sie Ihr Surferlebnis im Internet von einfach zu außergewöhnlich.

So verbinden Sie Ihr OnePlus Nord CE4 mit dem PC

Was du brauchen wirst:

- Ihr OnePlus Nord CE4-Smartphone
- Ein USB-Typ-C-Kabel (das Kabel, das normalerweise mit Ihrem Telefon geliefert wird)

- Ein PC mit USB-Anschluss

Anweisungen:

1. Entsperren Sie Ihr OnePlus Nord CE4. Wischen Sie vom oberen Bildschirmrand nach unten, um auf das Benachrichtigungsfeld zuzugreifen.
2. Wischen Sie erneut nach unten, um das Benachrichtigungsfeld zu erweitern.
3. Suchen Sie nach einer Benachrichtigung mit der Aufschrift „Dieses Gerät wird über USB geladen" oder ähnlichem. Es könnte auch „Tippen für weitere Optionen" erwähnt werden.
4. Tippen Sie auf die Benachrichtigung. Dadurch wird ein Menü mit verschiedenen USB-Verbindungsoptionen geöffnet.
5. Wählen Sie „Dateiübertragung" (oder eine ähnliche Option) aus dem Menü. Dadurch kann Ihr PC auf Dateien auf Ihrem Telefon zugreifen.
6. Auf Ihrem PC: Öffnen Sie ein Datei-Explorer-Fenster.
7. Im Datei-Explorer-Fenster sollte Ihr OnePlus Nord CE4 unter „Geräte und Laufwerke" aufgeführt sein. Es könnte etwa „OnePlus Nord CE4" oder „MTP-Gerät" heißen.
8. Klicken Sie auf Ihr OnePlus Nord CE4, um die auf Ihrem Telefon gespeicherten Ordner und Dateien zu durchsuchen.

Zusätzliche Tipps:

- Wenn Sie keine Benachrichtigung über die USB-Verbindung sehen, versuchen Sie, Ihr Telefon mit Ihrer PIN, Ihrem Fingerabdruck oder einer anderen Sicherheitsmethode zu entsperren, während es mit dem PC verbunden ist.

- Für eine optimale Funktionalität müssen Sie möglicherweise Treiber auf Ihrem PC installieren. Diese können normalerweise von der OnePlus-Website für Ihr spezifisches Telefonmodell heruntergeladen werden.
- Wenn Sie immer noch Probleme mit der Verbindung haben, versuchen Sie es mit einem anderen USB-Kabel oder starten Sie sowohl Ihr Telefon als auch Ihren PC neu.

Wenn Sie diese Schritte befolgen, sollten Sie Ihr OnePlus Nord CE4 an Ihren PC anschließen und Dateien zwischen den Geräten übertragen können.

Bonus-Tipp: Dateien wie ein Profi herunterladen

Obwohl in den meisten Android-Telefonen keine allgemein versteckte Download-Funktion integriert ist, gibt es auf jeden Fall Möglichkeiten, Ihr Download-Erlebnis auf Ihrem OnePlus Nord CE4 zu optimieren. Hier sind einige Tipps und Tricks, die Sie zum Download-Profi machen:

Verwendung des integrierten Browsers:

1. Suchen Sie die herunterladbare Datei: Navigieren Sie beim Surfen im Internet mit Ihrem bevorzugten Browser (wie Chrome oder OnePlus Browser) zu der Webseite mit der Datei, die Sie herunterladen möchten. Viele Websites bieten herunterladbare Dateien wie PDFs, Dokumente, Bilder oder sogar Apps (außerhalb des Google Play Store) an.

2. Suchen Sie den Download-Link: Suchen Sie auf der Webseite nach einem Download-Link oder einer Schaltfläche. Dies kann mit Text wie „Herunterladen", „Datei abrufen" oder einem einfachen Download-Symbol (normalerweise ein nach unten zeigender Pfeil) gekennzeichnet sein.
3. Starten Sie den Download: Wenn Sie den Download-Link gefunden haben, tippen Sie darauf. Normalerweise werden Sie dazu aufgefordert, den Download zu bestätigen oder einen Download-Speicherort auf Ihrem Telefon auszuwählen.
4. Verfolgen Sie Ihren Download: Die meisten Browser zeigen einen Download-Fortschrittsbalken oder eine Benachrichtigung an, während die Datei heruntergeladen wird. Sie können auch auf den Download-Manager zugreifen (normalerweise in den Browsereinstellungen oder im Menü zu finden), um eine Liste Ihrer laufenden und abgeschlossenen Downloads anzuzeigen.

Herunterladen über Apps:

1. Direkt von einigen Apps herunterladen: Bestimmte Apps, wie Social-Media-Apps oder Cloud-Speicherdienste, ermöglichen es Ihnen möglicherweise, Dateien direkt in der App selbst herunterzuladen. Suchen Sie in der von Ihnen verwendeten App nach Download-Optionen oder Schaltflächen.
2. Befolgen Sie die App-spezifischen Anweisungen: Der Downloadvorgang kann je nach App variieren. Befolgen Sie alle Anweisungen oder Anweisungen auf dem Bildschirm in der App, um den Download zu starten und zu verwalten.

Vorsicht beim Herunterladen großer Dateien:

- Achten Sie auf die Datennutzung: Das Herunterladen großer Dateien kann eine erhebliche Menge mobiler Daten verbrauchen. Wenn Sie nicht mit einem WLAN verbunden sind, behalten Sie Ihre Datennutzung im Auge, um eine Überschreitung Ihres Datentarifs zu vermeiden.
- Von vertrauenswürdigen Quellen herunterladen: Laden Sie Dateien nur von Websites und Apps herunter, denen Sie vertrauen, um Malware oder Sicherheitsrisiken zu vermeiden.

Erweiterte Download-Techniken:

- Download-Manager von Drittanbietern (mit Vorsicht verwenden): Einige Download-Manager-Apps von Drittanbietern werden zwar nicht jedem empfohlen, bieten jedoch zusätzliche Funktionen wie Download-Planung oder schnellere Download-Geschwindigkeiten. Gehen Sie bei der Installation von Apps von außerhalb des Google Play Stores mit Vorsicht vor und laden Sie Manager nur von seriösen Quellen herunter.
- Herunterladen über Cloud-Speicher: Wenn Sie häufig Dateien herunterladen, sollten Sie die Verwendung von Cloud-Speicherdiensten wie Google Drive oder Dropbox in Betracht ziehen. Mit diesen Diensten können Sie Dateien online speichern und von jedem Gerät aus darauf zugreifen. Sie können die Dateien dann bei Bedarf von der Cloud-Speicher-App auf Ihr Telefon herunterladen.

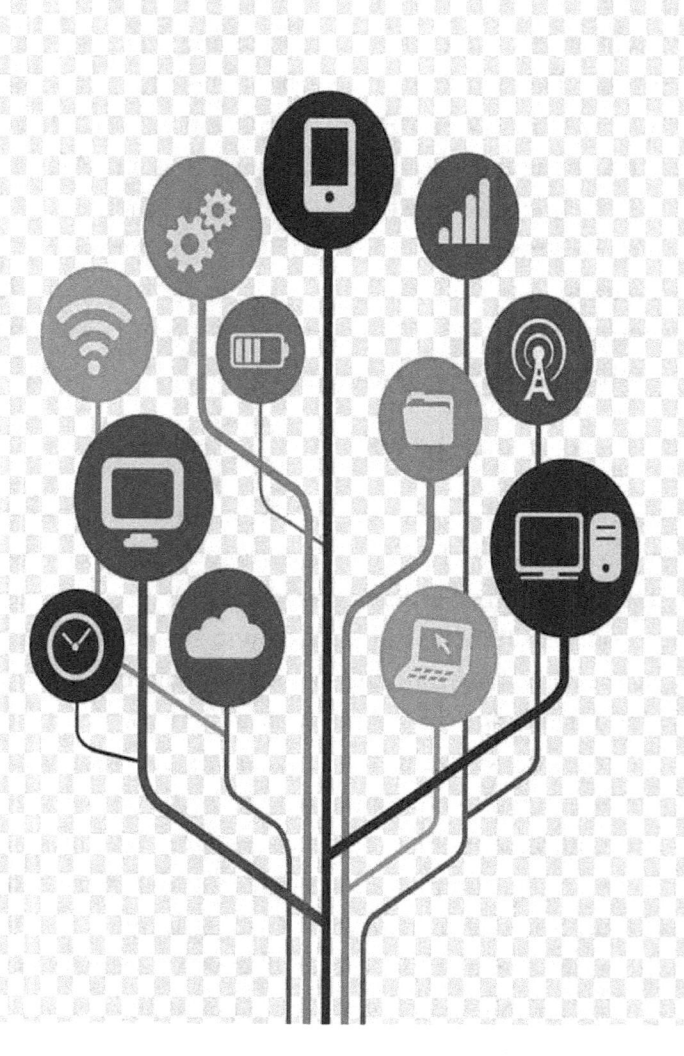

Teil 2: Entfesseln Sie Ihre Kreativität

Kapitel 4: Der ultimative Kameraführer.

Die Kamera-App ist eine der am häufigsten genutzten Apps auf einem Smartphone. Es ist eine großartige Möglichkeit, Erinnerungen festzuhalten, Momente mit Freunden und Familie zu teilen und sogar kreativ zu sein. Das OnePlus Nord CE4 verfügt über ein leistungsstarkes Kamerasystem, das atemberaubende Fotos und Videos aufnehmen kann. Diese Anleitung führt Sie durch die Grundlagen der Verwendung der Kamera-App auf Ihrem OnePlus Nord CE4.

- Öffnen der Kamera-App: Die Kamera-App finden Sie auf Ihrem Startbildschirm oder in der App-Schublade.
- Ein Foto aufnehmen: Sobald die Kamera-App geöffnet ist, können Sie die Kamera einfach auf Ihr Motiv richten und auf den Auslöser tippen, um ein Foto aufzunehmen. Der Auslöser befindet sich normalerweise am unteren Bildschirmrand.
- Zwischen Foto- und Videomodus wechseln: Sie können zwischen Foto- und Videomodus wechseln, indem Sie auf dem Bildschirm nach links oder rechts wischen. Der aktuelle Modus wird am unteren Bildschirmrand angezeigt.
- Zoomen: Sie können hinein- oder herauszoomen, indem Sie den Bildschirm mit zwei Fingern zusammenziehen.
- Fokus: Um sich auf ein bestimmtes Motiv zu konzentrieren, tippen Sie es auf dem Bildschirm an. Die Kamera passt den Fokus an, um das Motiv scharf zu machen.

Basisfunktionen

Die Kamera-App auf Ihrem OnePlus Nord CE4 verfügt über eine Reihe grundlegender Funktionen, die Ihnen dabei helfen können, bessere Fotos zu machen. Hier sind einige der wichtigsten:

- Blitz: Mit dem Blitz können Sie Ihr Motiv bei schlechten Lichtverhältnissen beleuchten. Sie können den Blitz ein- oder ausschalten, indem Sie auf das Blitzsymbol auf dem Bildschirm tippen.
- HDR: HDR steht für High Dynamic Range. Der HDR-Modus kann Ihnen dabei helfen, Fotos mit mehr Details sowohl in den Lichtern als auch in den Schatten aufzunehmen. Sie können den HDR-Modus ein- oder ausschalten, indem Sie auf das HDR-Symbol auf dem Bildschirm tippen.
- Belichtungskorrektur: Mit der Belichtungskorrektur können Sie die Helligkeit Ihrer Fotos anpassen. Sie können die Belichtungskorrekturleiste nach oben oder unten schieben, um Ihre Fotos heller oder dunkler zu machen.
- Weißabgleich: Mit dem Weißabgleich können Sie Fotos mit natürlicheren Farben aufnehmen. Sie können den Weißabgleich anpassen, indem Sie auf dem Bildschirm auf das Weißabgleich-Symbol tippen und dann die entsprechende Einstellung auswählen.
- Szenenmodi: Szenenmodi sind Voreinstellungen, mit denen die Kamera für verschiedene Aufnahmebedingungen optimiert werden kann. Beispielsweise gibt es einen Motivmodus für Porträts, Landschaften und

Nahaufnahmen. Sie können einen Szenenmodus auswählen, indem Sie auf dem Bildschirm nach oben wischen und dann auf den gewünschten Modus tippen.

Funktionen der Kameraobjektive des OnePlus Nord CE4

Die genauen Spezifikationen der OnePlus Nord CE4-Kamera wurden noch nicht offiziell bestätigt, es wird jedoch erwartet, dass sie über ein Rückkamerasystem mit drei Linsen verfügt. Hier ist eine Aufschlüsselung der Funktionen jedes Objektivs basierend auf typischen Setups für Mittelklasse-Smartphones:

- Primärobjektiv (Hauptsensor): Dies wird das Objektiv mit der höchsten Auflösung sein (Gerüchten zufolge wahrscheinlich 50 MP) und ist für alltägliche Aufnahmen bei guten Lichtverhältnissen konzipiert. Es erfasst die meisten Details und übernimmt den Großteil der Bildverarbeitung.
- Ultraweitwinkelobjektiv (Sekundärsensor): Dieses Objektiv hat im Vergleich zum Hauptsensor normalerweise eine geringere Auflösung (ca. 8 MP) und ein größeres Sichtfeld. Es ist ideal für die Aufnahme weitläufiger Landschaften, Gruppenfotos auf engstem Raum oder für Situationen, in denen Sie mehr von der Szene in den Rahmen bringen möchten.
- Zusätzliches Objektiv (möglicher Makro- oder Tiefensensor): Das dritte Objektiv könnte je nach endgültigem Design verschiedene Optionen haben.
  - Makroobjektiv: Dieses Objektiv hat eine sehr kurze Brennweite und ermöglicht die Aufnahme extremer Nahaufnahmen mit hohem Detaillierungsgrad, ideal

zum Fotografieren kleiner Objekte wie Blumen, Insekten oder Texturen.
- Tiefensensor: Dieses Objektiv erfasst selbst kein vollständiges Bild, sondern unterstützt den Hauptsensor beim Sammeln von Tiefeninformationen. Dies wird häufig für Funktionen wie den Porträtmodus mit Hintergrundunschärfe oder Bokeh-Effekten verwendet.

Hier ist eine Tabelle, die die typischen Funktionen jedes Objektivs zusammenfasst:

Linse	Auflösung (Gerüchten zufolge)	Funktion
Hauptsensor	50 MP	Alltägliches Fotografieren, gute Beleuchtung, fängt die meisten Details ein
Ultraweitwinkelobjektiv	8MP	Großes Sichtfeld, Landschaften, Gruppenfotos auf engstem Raum

| Makroobjektiv (oder Tiefensensor) | 2MP-5MP | Extreme Nahaufnahmen, Erfassung von Details (Makro) oder Tiefeninformationen (Tiefensensor). |

Fotomodus-Magie: Atemberaubende Aufnahmen machen

Die Kamera des OnePlus Nord CE4 verfügt über einen vielseitigen Fotomodus, mit dem Sie atemberaubende Bilder aufnehmen können.

- Beleuchtung ist der Schlüssel: Natürliches Licht ist Ihr bester Freund. Um optimale Ergebnisse zu erzielen, fotografieren Sie nach Möglichkeit im Freien oder in einer gut beleuchteten Umgebung.

Öffnen der Kamera-App:

1. Wischen Sie vom Startbildschirm nach unten oder greifen Sie auf die App-Schublade zu, um die Kamera-App zu starten.

Auswahl des Fotomodus:

1. Standardmäßig wird die Kamera-App im Fotomodus geöffnet. Suchen Sie unten auf dem Bildschirm nach den Symbolen für den Kameramodus. Der Fotomodus sollte hervorgehoben sein.

Komponieren Sie Ihren Schuss:

1. Das perfekte Bild einrahmen: Halten Sie Ihr Telefon ruhig und positionieren Sie Ihr Motiv innerhalb des Rahmens. Nutzen Sie den Sucher (den Bildschirm Ihres Telefons), um die Komposition Ihrer Aufnahme zu sehen.
2. Drittelregel (optional): Aktivieren Sie das Drittelregelraster (normalerweise in den Kameraeinstellungen zu finden), um die Komposition zu verbessern. Stellen Sie sich vor, Sie teilen den Bildschirm in ein 3x3-Raster. Platzieren Sie Ihr Motiv an einem der Schnittpunkte, um ein ausgewogeneres Erscheinungsbild zu erzielen.

Belichtung und Fokus:

1. Helligkeit anpassen: Tippen Sie einmal auf den Bildschirm, an dem Sie den Fokus und die Belichtung einstellen möchten. Auf Ihrem Bildschirm erscheint ein gelbes Quadrat, um den Fokuspunkt anzuzeigen. Möglicherweise sehen Sie auch ein Sonnensymbol mit einem Schieberegler. Schieben Sie ihn nach oben oder unten, um die Helligkeit anzupassen (Belichtungskorrektur).

Das Foto machen:

1. Halten Sie den Moment fest: Wenn Sie mit der Komposition, dem Fokus und der Belichtung zufrieden sind, drücken Sie den Auslöser (normalerweise eine runde

Taste am unteren Bildschirmrand), um das Foto aufzunehmen.

Wechseln in andere Modi (optional):

1. Mehr entdecken: Wischen Sie auf dem Bildschirm nach links oder rechts, um andere Kameramodi wie Porträt, Nachtaufnahme oder Video zu erkunden. Jeder Modus bietet spezielle Einstellungen, die für verschiedene Aufnahmeszenarien optimiert sind.

Zaubertipps für den Fotomodus:

- HDR für Details: Aktivieren Sie HDR (High Dynamic Range) in den Einstellungen für Fotos mit ausgewogener Beleuchtung sowohl in den Lichtern als auch in den Schatten (besonders nützlich für kontrastreiche Szenen).
- Gehen Sie nah heran und machen Sie fesselnde Makroaufnahmen: Wenn Ihr Nord CE4 über ein Makroobjektiv verfügt, können Sie ganz nah an Ihr Motiv herangehen, um atemberaubende Nahaufnahmen von Blumen, Insekten oder Texturen einzufangen.
- Burst-Modus für Action (optional): Halten Sie den Auslöser gedrückt, um eine Fotoserie zu erstellen, ideal für die Aufnahme sich schnell bewegender Motive oder Action-Aufnahmen.

Über die Grundlagen hinausgehend:

- Erkunden Sie die Einstellungen: Tauchen Sie ein in die Kameraeinstellungen, um zusätzliche Optionen wie Weißabgleich, Blitzeinstellungen und Bildauflösung zu entdecken. Experimentieren Sie, um herauszufinden, was für verschiedene Situationen am besten funktioniert.

Wenn Sie diese Schritte befolgen und die kreativen Funktionen des Fotomodus erkunden, sind Sie auf dem besten Weg, mit Ihrem OnePlus Nord CE4 rahmenwürdige Fotos aufzunehmen!

Leistung im Profi-Modus: Entfesseln Sie Ihren inneren Fotografen

Bevor wir anfangen:

- Den Pro-Modus verstehen: Im Pro-Modus haben Sie mehr Kontrolle als im Auto-Modus. Es bietet zwar mehr kreative Freiheit, erfordert aber auch ein grundlegendes Verständnis fotografischer Konzepte wie ISO, Verschlusszeit, Blende (simuliert auf Smartphones) und Weißabgleich.
- Experimentieren ist der Schlüssel: Haben Sie keine Angst, im Pro-Modus mit verschiedenen Einstellungen zu experimentieren. Die besten Einstellungen variieren je nach Lichtverhältnissen, gewünschten Effekten und Ihrer kreativen Vision.

Zugriff auf den Pro-Modus:

1. Starten Sie die Kamera-App: Wischen Sie vom Startbildschirm nach unten oder suchen Sie die Kamera-App in Ihrer App-Schublade und tippen Sie darauf, um sie zu öffnen.

2. Wechseln Sie in den Pro-Modus: Suchen Sie nach den Symbolen für den Kameramodus unten auf dem Bildschirm. Wischen Sie nach rechts oder tippen Sie auf den „Pro"-Modus, um ihn zu aktivieren. Möglicherweise werden auf dem Bildschirm zusätzliche Einstellungssymbole angezeigt.

Grundlegendes zu den Steuerelementen im Pro-Modus:

- Die Benutzeroberfläche: Die Benutzeroberfläche kann je nach OnePlus Nord CE4-Modell leicht variieren, Sie sehen jedoch im Allgemeinen eine Live-Ansicht Ihrer Szene und Schieberegler oder Schaltflächen zum Anpassen verschiedener Einstellungen.

Manuelle Einstellungen beherrschen:

- ISO: ISO steuert die Lichtempfindlichkeit. Mit einem höheren ISO-Wert können Sie Fotos bei schlechten Lichtverhältnissen aufnehmen, es kann jedoch zu Körnigkeit (Rauschen) im Bild kommen. Verwenden Sie einen niedrigeren ISO-Wert für schärfere Fotos bei hellem Licht.
- Verschlusszeit: Hiermit wird gesteuert, wie lange der Kamerasensor dem Licht ausgesetzt ist. Eine längere Verschlusszeit lässt mehr Licht herein (gut bei schlechten Lichtverhältnissen), kann jedoch dazu führen, dass bewegte Motive unscharf werden. Verwenden Sie eine kürzere Verschlusszeit für schärfere Action-Aufnahmen.
- Blende (simuliert): Während Smartphones keine physischen Blenden haben, bietet der Pro-Modus oft eine simulierte Blendeneinstellung. Eine niedrigere Blendenzahl simuliert eine größere Blende, wodurch der Hintergrund

hinter Ihrem Motiv unscharf wird (geringe Schärfentiefe) und mehr Licht hereingelassen wird. Eine höhere Blendenzahl simuliert eine kleinere Blende, wodurch ein größerer Teil der Szene scharf bleibt.
- Weißabgleich: Passt die Farbtemperatur Ihres Fotos an. Wählen Sie zwischen Einstellungen wie Glühlampenlicht, Leuchtstofflampe oder Sonnenlicht, um bei unterschiedlichen Lichtverhältnissen natürlichere Farben zu erzielen.
- Fokus-Peaking (optional): Aktivieren Sie diese Funktion (falls verfügbar), um scharfe Bildbereiche im Fokus hervorzuheben und so die manuelle Fokussierung zu erleichtern.

Ein Foto im Profi-Modus aufnehmen:

1. Einstellungen anpassen: Verwenden Sie die Schieberegler oder Schaltflächen auf dem Bildschirm, um ISO, Verschlusszeit, Blende (sofern simuliert) und Weißabgleich entsprechend Ihrem gewünschten Ergebnis und den Lichtverhältnissen anzupassen.
2. Manuell fokussieren (optional): Tippen Sie auf den Bildschirm, um den Fokuspunkt festzulegen. Möglicherweise sehen Sie auch einen Schieberegler für den manuellen Fokus, um eine präzise Fokussierung zu erreichen.
3. Nehmen Sie die Aufnahme auf: Wenn Sie mit den Einstellungen und dem Fokus zufrieden sind, tippen Sie auf den Auslöser, um das Foto aufzunehmen.

Tipps und Tricks zum Pro-Modus:

- Verwenden Sie für Stabilität ein Stativ (optional): Insbesondere bei langen Verschlusszeiten minimiert ein Stativ Kameraverwacklungen und sorgt so für schärfere Bilder.
- RAW-Fotos speichern (optional): Falls verfügbar, sollten Sie erwägen, Fotos im RAW-Format zu speichern. RAW-Dateien erfassen mehr Bilddaten und bieten so eine größere Flexibilität für die spätere Bearbeitung auf Computern.
- Messmodi (optional): Einige Pro-Modi bieten Optionen für den Messmodus. Experimentieren Sie mit der Spotmessung, um die Belichtung auf einen bestimmten Bereich zu fokussieren, oder mit der Matrixmessung, um eine ausgewogene Belichtung über das gesamte Bild zu erzielen.

Denken Sie daran: Übung macht den Meister! Experimentieren Sie mit verschiedenen Pro-Modus-Einstellungen bei verschiedenen Lichtverhältnissen.

Tipp: Nachtfotografie-Hacks für atemberaubende Ergebnisse

Umarmen Sie den Nachtmodus:

- Nachtmodus-Magie: Die meisten OnePlus-Telefone, einschließlich des Nord CE4 (Gerüchten zufolge), verfügen über einen Nachtmodus. Dieser Modus verbessert die Fotografie bei schlechten Lichtverhältnissen erheblich, indem er die Verschlusszeit verlängert, um mehr Licht

einzufangen und gleichzeitig Unschärfen durch Softwareverarbeitung zu minimieren.
- Aktivieren des Nachtmodus: Der Nachtmodus wird normalerweise durch ein Mondsymbol in der Benutzeroberfläche der Kamera-App angezeigt. Suchen Sie das Nachtmodus-Symbol und tippen Sie darauf, um es zu aktivieren, bevor Sie Ihre Nachtaufnahme machen.

Steady macht es:

- Stillhalten: Da im Nachtmodus eine längere Verschlusszeit verwendet wird, ist es wichtig, dass Sie Ihr Telefon ruhig halten, um Kameraverwacklungen zu vermeiden. Lehnen Sie sich an einen stabilen Gegenstand oder verwenden Sie ein Stativ für maximale Stabilität, insbesondere bei längeren Verschlusszeiten.
- Burst-Modus (optional): Selbst mit einem Stativ kann es zu leichten Verwacklungen der Kamera kommen. Aktivieren Sie den Burst-Modus (falls verfügbar), um mehrere Fotos gleichzeitig aufzunehmen und so Ihre Chancen auf eine perfekt scharfe Nachtaufnahme zu erhöhen.

Konzentrieren Sie sich auf das Licht:

- Suchen Sie nach Lichtquellen: Nachtaufnahmen sehen am besten aus, wenn die Szene etwas beleuchtet ist. Suchen Sie nach Straßenlaternen, Gebäudelampen oder anderen Lichtquellen, um Ihrem Foto Details und visuelles Interesse zu verleihen.
- Spielen Sie mit Lichtspuren (optional): Wenn sich nachts in der Szene fahrende Fahrzeuge befinden, versuchen Sie, eine längere Verschlusszeit (im Nachtmodus oder Pro-Modus) zu verwenden, um Lichtspuren von deren

Scheinwerfern zu erzeugen und Ihrem Foto eine dynamische Note zu verleihen.

Zusammensetzung zählt:

- Drittelregel (optional): Berücksichtigen Sie wie bei der Tagesfotografie die Drittelregel für die Zusammenstellung Ihrer Nachtaufnahmen. Platzieren Sie Ihr Motiv außermittig an einem der Schnittpunkte auf dem imaginären 3x3-Raster, um eine ausgewogenere und optisch ansprechendere Komposition zu schaffen.
- Leitlinien (optional): Suchen Sie in Ihrer Nachtszene nach Leitlinien, z. B. Straßen, Brücken oder Eisenbahnen, die den Blick des Betrachters auf das Foto lenken.

Über die Grundlagen hinausgehend:

- Belichtungsanpassung (optional): Wenn der Nachtmodus zu hell oder zu dunkel ist, können Sie bei einigen Kamera-Apps die Belichtungskorrektur im Nachtmodus anpassen, um die Helligkeit Ihrer Aufnahme zu optimieren.
- Magische Bearbeitung: Nach der Aufnahme Ihrer Nachtaufnahme sollten Sie über Fotobearbeitungs-Apps nachdenken, um die Farben zu verbessern, Schatten und Lichter anzupassen oder kreative Filter hinzuzufügen.

Mit diesen Nachtfotografie-Hacks und den Nachtmodusfunktionen Ihres OnePlus Nord CE4 sind Sie auf dem besten Weg, faszinierende Bilder bei schlechten Lichtverhältnissen aufzunehmen, die die Schönheit der Nacht zeigen!

Versteckte Funktion: Entfesseln Sie die Kraft des Porträtmodus

Der Porträtmodus ist vielleicht nicht die unbekannteste Funktion, bietet aber verborgene Tiefen für die Aufnahme atemberaubender Porträts mit professionellem Touch.

Den Porträtmodus verstehen:

- Hintergrundunschärfe: Der Porträtmodus nutzt Softwaretechniken, um den Hintergrund hinter Ihrem Motiv unscharf zu machen und so einen geringen Tiefenschärfeeffekt zu erzeugen, ähnlich wie bei High-End-Kameras. Dadurch wird Ihr Motiv isoliert und hervorgehoben, was für ein künstlerischeres und professionelleres Aussehen sorgt.

Porträtmodus aktivieren:

1. Starten Sie die Kamera-App: Wischen Sie vom Startbildschirm nach unten oder suchen Sie die Kamera-App in Ihrer App-Schublade und tippen Sie darauf, um sie zu öffnen.
2. Wechseln Sie in den Porträtmodus: Suchen Sie nach den Symbolen für den Kameramodus unten auf dem Bildschirm. Wischen Sie nach rechts oder tippen Sie auf den Modus „Porträt", um ihn zu aktivieren.

Einrahmen Ihres Porträts:

1. Stellen Sie die Aufnahme zusammen: Positionieren Sie Ihr Motiv innerhalb des Rahmens und achten Sie dabei auf die Entfernungsrichtlinien, die möglicherweise auf dem Bildschirm angezeigt werden. In der Regel wird ein idealer Abstand für den Porträtmodus angegeben.

Konzentrieren Sie sich auf Ihr Thema:

1. Fokussperre: Tippen Sie auf dem Bildschirm auf das Gesicht Ihres Motivs, um sicherzustellen, dass es scharf fokussiert ist.

Halten Sie den perfekten Moment fest:

1. Machen Sie ein Foto: Wenn Sie mit der Komposition und dem Fokus zufrieden sind, tippen Sie auf den Auslöser, um das Porträt aufzunehmen.

Erweiterte Techniken im Porträtmodus:

- Schönheitsmodus (optional): Einige Porträtmodi bieten einen Schönheitsmodus, der Hauttöne und Hautunreinheiten glätten kann. Verwenden Sie diese Funktion sparsam, um ein künstliches Aussehen zu vermeiden.
- Lichteffekte (optional): Einige Porträtmodi bieten unterschiedliche Lichteffekte, wie Studiobeleuchtung, Bühnenbeleuchtung oder Schwarzweiß. Experimentieren Sie damit, um Ihren Porträts eine einzigartige Note zu verleihen.
- Bokeh-Anpassung (optional): Nach der Aufnahme des Fotos können Sie mit einigen Kamera-Apps den Grad der Hintergrundunschärfe bei Fotos im Porträtmodus anpassen.

Tipps für den Profi-Porträtmodus:

- Natürliches Licht ist der Schlüssel: Um optimale Ergebnisse zu erzielen, verwenden Sie den Porträtmodus im Freien bei natürlichem Licht oder in einer gut beleuchteten Umgebung. Vermeiden Sie harte Schatten oder Gegenlicht.
- Einfache Hintergründe: Unruhige Hintergründe können vom Motiv ablenken. Entscheiden Sie sich für klare oder schlichte Hintergründe, um Ihrem Porträt einen besonderen Touch zu verleihen.
- Gehen Sie näher heran (falls möglich): Halten Sie dabei einen angenehmen Abstand ein und versuchen Sie, etwas näher an Ihr Motiv heranzukommen, um den Rahmen auszufüllen und ein intimeres Gefühl zu erzeugen.

Über die Grundlagen hinausgehend:

- Studio-Beleuchtungssetup (optional): Für mehr Kontrolle über die Beleuchtung sollten Sie die Verwendung eines Ringlichts oder anderer speziell für die Porträtfotografie konzipierter Soft-Light-Setups in Betracht ziehen.
- Bearbeitungsmagie: Bearbeitungs-Apps können Ihre Fotos im Porträtmodus weiter verbessern. Sie können Helligkeit, Kontrast und Farben anpassen oder sogar künstlerische Filter hinzufügen.

Kapitel 5: Videostar

Epische Videos aufnehmen: Einstellungen und Tipps für den Erfolg

Ihr OnePlus Nord CE4 ist nicht nur ein Fotogerät; Es ist eine leistungsstarke Videokamera, die darauf wartet, entfesselt zu werden! Dieser Leitfaden vermittelt Ihnen die wesentlichen Einstellungen und Profi-Tipps zum Aufnehmen epischer Videos, die Ihre Zuschauer zum Klicken und Abonnieren bewegen.

Wählen Sie den richtigen Videoaufnahmemodus auf Ihrem OnePlus Nord CE4

- Auflösung und Bildrate: Die Kamera-App bietet wahrscheinlich verschiedene Videoauflösungsoptionen (z. B. 1080p, 4K) und Bildraten (z. B. 30 fps, 60 fps). Höhere Auflösungen und Bildraten führen im Allgemeinen zu schärferen und flüssigeren Videos, bringen aber auch größere Dateigrößen mit sich.
- Zeitlupe und Zeitraffer: Entdecken Sie Zeitlupen- und Zeitraffermodi, um Ihren Videos kreatives Flair zu verleihen. Zeitlupe erfasst Filmmaterial mit einer langsameren Bildrate, um es schneller wiederzugeben, wodurch ein dramatischer Zeitlupeneffekt entsteht. Zeitraffer verdichtet lange Zeiträume zu kürzeren Videos, die sich perfekt für die Präsentation von Ereignissen eignen, die sich im Laufe der Zeit abspielen.

Auswahl der richtigen Einstellungen:

1. Starten Sie die Kamera-App: Wischen Sie vom Startbildschirm nach unten oder suchen Sie die Kamera-App in Ihrer App-Schublade und tippen Sie darauf, um sie zu öffnen.
2. Wechseln Sie in den Videomodus: Suchen Sie nach den Symbolen für den Kameramodus unten auf dem Bildschirm. Wischen Sie nach rechts oder tippen Sie auf den Modus „Video", um ihn zu aktivieren.
3. Videoauflösung und Bildrate: Tippen Sie auf das Einstellungssymbol (normalerweise ein Zahnrad) und erkunden Sie die verfügbaren Optionen für Videoauflösung und Bildrate. Wählen Sie eine Einstellung, die Ihren Bedürfnissen am besten entspricht. Für eine gute Qualität und das Teilen in sozialen Medien ist 1080p mit 30 Bildern pro Sekunde ein guter Ausgangspunkt. 4K bietet eine noch schärfere Qualität, verbraucht aber mehr Speicherplatz.
4. Stabilisierung (optional): Wenn Ihre Kamera-App Videostabilisierung bietet, aktivieren Sie diese, um Verwacklungen in Ihren Videos zu minimieren. Dies ist besonders hilfreich, wenn Sie aus der Hand fotografieren.

Profi-Tipp: Überprüfen Sie den Speicherplatz Ihres Telefons, bevor Sie lange Videos in hoher Auflösung aufnehmen.

Filmen wie ein Profi:

- Die Beleuchtung ist der Schlüssel: Genau wie bei Fotos ist eine gute Beleuchtung für hochwertige Videos unerlässlich. Fotografieren Sie nach Möglichkeit im Freien bei natürlichem Licht oder nutzen Sie gut beleuchtete Innenräume.

- Achten Sie auf den Ton: Das eingebaute Mikrofon Ihres Telefons nimmt möglicherweise unerwünschte Hintergrundgeräusche auf. Erwägen Sie die Verwendung eines externen Mikrofons für einen klareren Ton, insbesondere in lauten Umgebungen.
- Stabilisieren Sie Ihre Aufnahmen: Verwackelte Videos können die Zuschauer ablenken. Halten Sie Ihr Telefon mit beiden Händen fest oder verwenden Sie für maximale Stabilität ein Stativ. Für eine flüssigere Videoaufnahme können Sie auch Smartphone-Gimbals ausprobieren.
- Gestalten Sie Ihre Aufnahmen: Denken Sie über die Komposition Ihrer Videos genau so nach, wie Sie es auch für Fotos tun würden. Verwenden Sie die Drittelregel (imaginäres 3x3-Raster), um Ihr Motiv zu positionieren und einen ausgewogenen Rahmen zu schaffen.
- Fokus und Belichtung: Tippen Sie auf den Bildschirm, um den Fokus und die Belichtung für Ihr Motiv festzulegen. Dadurch wird sichergestellt, dass sie im Video scharf und gut beleuchtet sind.
- Reibungslos zoomen: Vermeiden Sie ruckartige Zoombewegungen. Zoomen Sie langsam und schrittweise hinein und heraus, um ein eleganteres Aussehen zu erzielen.

Bearbeiten von Magie:

- Integrierter Editor (optional): Die meisten Kamera-Apps verfügen über grundlegende Videobearbeitungswerkzeuge. Sie können Clips zuschneiden, Übergänge hinzufügen oder sogar Hintergrundmusik hinzufügen.
- Bearbeitungs-Apps von Drittanbietern: Entdecken Sie leistungsstarke Videobearbeitungs-Apps von Drittanbietern für erweiterte Bearbeitungsoptionen wie Farbkorrektur, Hinzufügen von Textüberlagerungen oder Einbinden von Spezialeffekten.

Wenn Sie diese Einstellungen und Tipps befolgen, sind Sie auf dem besten Weg, mit Ihrem OnePlus Nord CE4 epische Videos aufzunehmen. Mit ein wenig Übung und Kreativität werden Sie im Handumdrehen ein Profi für mobile Videografie!

Bearbeiten wie ein Profi: Integrierte Tools zum Polieren Ihrer Meisterwerke

Die Magie hört nicht auf, nachdem Sie das perfekte Foto oder das epische Video auf Ihrem OnePlus Nord CE4 aufgenommen haben. Die integrierten Bearbeitungswerkzeuge verwandeln Ihr Rohmaterial in ausgefeilte Meisterwerke, die Sie mit Stolz teilen können. In diesem Leitfaden wird das Potenzial dieser Tools vorgestellt, sodass Sie direkt von Ihrem Telefon aus wie ein Profi bearbeiten können.

Den integrierten Editor entfesseln:

1. Finden Sie Ihre Fotos und Videos: Öffnen Sie Ihre Galerie-App oder den Abschnitt „Fotos" in der Kamera-App, um das Foto oder Video zu finden, das Sie bearbeiten möchten.
2. Starten Sie den Editor: Tippen Sie auf die Schaltfläche „Bearbeiten", die Ihrem ausgewählten Foto oder Video zugeordnet ist. Dadurch wird die integrierte Bearbeitungssuite geöffnet.

Bearbeitungsoptionen erkunden:

- Grundlegende Anpassungen: Anpassungen wie Helligkeit, Kontrast und Sättigung sind von grundlegender Bedeutung. Spielen Sie mit diesen Schiebereglern herum, um das allgemeine Erscheinungsbild Ihres Fotos oder Videos zu verbessern.

- Zuschneiden und Drehen: Verfeinern Sie die Komposition Ihres Bildes, indem Sie unerwünschte Bereiche ausschneiden oder es für eine bessere Perspektive drehen.
- Filter: Die meisten integrierten Editoren bieten eine Vielzahl von Filtern, die Ihren Fotos eine einzigartige Note verleihen können. Experimentieren Sie mit verschiedenen Filtern, um einen zu finden, der zu Ihrem Bild passt.
- Spot-Bearbeitung (optional): Einige Editoren ermöglichen selektive Anpassungen, sodass Sie bestimmte Bereiche Ihres Fotos ändern können (z. B. ein schattiges Gesicht aufhellen), um ein ausgewogeneres Erscheinungsbild zu erzielen.

Videos bearbeiten:

- Zuschneiden: Schneiden Sie unerwünschtes Filmmaterial am Anfang oder Ende Ihres Videos aus, um das Tempo zu beschleunigen und sich auf die wichtigsten Teile zu konzentrieren.
- Hinzufügen von Textüberlagerungen (optional): Fügen Sie mithilfe von Textüberlagerungen Untertitel oder Titel in Ihr Video ein. Dies kann hilfreich sein, um Kontext oder Informationen hinzuzufügen.
- Hintergrundmusik (optional): Verleihen Sie Ihrem Video Emotionen, indem Sie Hintergrundmusik aus der integrierten Bibliothek oder Ihrer eigenen Musiksammlung hinzufügen.

Speichern Ihrer Änderungen:

- Speichern und teilen: Wenn Sie mit Ihren Änderungen zufrieden sind, speichern Sie die endgültige Version als neue Datei. Anschließend können Sie Ihr bearbeitetes Meisterwerk direkt in sozialen Medien oder Messaging-Apps teilen.

Profi-Bearbeitungstipps:

- Gehen Sie subtil vor: Auch wenn Bearbeitungstools verlockend sind, vermeiden Sie es, Ihre Fotos oder Videos zu stark zu bearbeiten. Subtile Anpassungen führen oft zu den natürlichsten Ergebnissen.
- Vorher und Nachher: Nutzen Sie die Funktion „Vorher und Nachher" (falls verfügbar), um Ihr Originalmaterial mit der bearbeiteten Version zu vergleichen und so die Auswirkungen Ihrer Bearbeitungen zu visualisieren.
- Kopien speichern (optional): Erwägen Sie, vor der Bearbeitung eine Kopie Ihres Originalfotos oder -videos zu speichern. Auf diese Weise können Sie bei Bedarf zurückgehen und Änderungen vornehmen.

Die integrierten Bearbeitungswerkzeuge Ihres OnePlus Nord CE4 sind eine Goldgrube für die Umwandlung Ihrer Fotos und Videos in atemberaubende Kreationen. Mit ein wenig Übung und Erkundung werden Sie die Bearbeitung wie ein Profi durchführen und Inhalte teilen, auf die Sie stolz sein werden!

Trick-Alarm: Zeitlupe und Zeitraffer: Bringen Sie Kreativität in Ihre Videos

Möchten Sie Ihren Videos einen gewissen Wow-Faktor verleihen? Dann sind Sie bei den integrierten Zeitlupen- und Zeitrafferfunktionen Ihres OnePlus Nord CE4 genau richtig! Mit diesen kreativen Modi können Sie die Zeit manipulieren und alltägliche Momente in dramatische Zeitlupenshows oder beschleunigte Zeitrafferreisen verwandeln.

Zeitlupenmagie:

- Der Effekt: Zeitlupe nimmt Filmmaterial mit einer höheren Bildrate auf, als es wiedergegeben wird. Dadurch entsteht

ein dramatischer Zeitlupeneffekt, der sich ideal zum Hervorheben bestimmter Momente wie eines Sprungschusses oder eines Wasserspritzers eignet.
- Aktivieren von Zeitlupe: Während die Benutzeroberflächen der Kamera-Apps leicht variieren können, wird Zeitlupe normalerweise durch ein bestimmtes Symbol oder eine bestimmte Einstellung im Videomodusmenü angezeigt. Suchen Sie die Zeitlupenoption und aktivieren Sie sie, bevor Sie Ihr Video aufnehmen.
- Den Moment festhalten: Nehmen Sie Ihr Video wie gewohnt auf und konzentrieren Sie sich darauf, die Aktion, die Sie sehen möchten, in Zeitlupe festzuhalten. Bedenken Sie, dass der Zeitlupenmodus möglicherweise die Videoauflösung einschränkt. Überprüfen Sie daher vorher die Einstellungen.
- Wiedergabe und Bearbeitung: Spielen Sie Ihr Video nach der Aufnahme ab, um den Zeitlupeneffekt zu sehen. Sie können den Clip häufig zuschneiden, um den spezifischen Zeitlupenmoment zu isolieren, den Sie präsentieren möchten. Bei einigen integrierten Editoren können Sie möglicherweise sogar die Intensität des Zeitlupeneffekts anpassen.

Zeitraffer-Wendungen:

- Der Effekt: Zeitraffer verdichtet einen langen Zeitraum zu einem kürzeren Video. Dies eignet sich perfekt für die Aufnahme langsamer Ereignisse wie eines Sonnenuntergangs, blühender Blumen oder belebter Straßen in der Stadt.
- Zeitraffer aktivieren: Ähnlich wie Zeitlupe verfügt der Zeitraffer wahrscheinlich über ein eigenes Symbol oder eine eigene Einstellung im Videomodusmenü. Suchen und aktivieren Sie die Zeitraffer-Option vor der Aufnahme.
- Wählen Sie Ihre Geschwindigkeit: Einige Zeitraffermodi bieten möglicherweise unterschiedliche

Geschwindigkeitsoptionen. Experimentieren Sie, um das richtige Tempo für Ihr Video zu finden. Eine höhere Geschwindigkeit verkürzt die Zeit erheblich, während eine langsamere Geschwindigkeit einen subtileren Effekt erzeugt.

- Aufnahme und Stabilisierung: Stellen Sie Ihr Telefon sicher auf, idealerweise mit einem Stativ, um Verwacklungen während der langen Aufnahmezeit zu minimieren. Denken Sie daran, dass selbst kleine Bewegungen in einem Zeitraffervideo störend sein können.
- Bearbeiten und Teilen: Nach der Aufnahme können Sie Ihr Zeitraffervideo wie jedes andere Video bearbeiten, unerwünschte Teile herausschneiden oder Hintergrundmusik hinzufügen, um ein eleganteres Gefühl zu erzielen. Teilen Sie Ihre Zeitrafferkreationen, um Ihre Freunde und Familie mit dem Lauf der Zeit in Erstaunen zu versetzen!

Profi-Tipp:

- Planen Sie Ihren Zeitraffer: Überlegen Sie, was Sie in Ihrem Zeitraffer festhalten möchten, und wählen Sie einen Ort mit klarer Sicht auf das Motiv. Um optimale Ergebnisse zu erzielen, stellen Sie sicher, dass im Laufe des Zeitraums genügend Änderungen stattfinden, um ein visuell interessantes Video zu erstellen.

Durch die Integration von Zeitlupen- und Zeitraffereffekten in Ihre Videos verleihen Sie einen Hauch von Kreativität und fangen die Welt auf ganz neue Weise ein. Schnappen Sie sich also Ihr OnePlus Nord CE4, erkunden Sie diese aufregenden Funktionen und entfesseln Sie Ihren inneren Video-Zauberer!

Teil 3: Unterhaltung auf Abruf

Kapitel 6: Gaming-Ruhm

Optimieren Sie Ihren Nord CE4 für reibungsloses Gameplay

Verwandeln Sie Ihr OnePlus Nord CE4 mit dieser Schritt-für-Schritt-Anleitung in ein mobiles Gaming-Kraftpaket! Überwinden Sie Verzögerungen und erleben Sie ein nahtloses Gameplay, indem Sie diese Optimierungen befolgen:

1. Entfesseln Sie die Kraft des Game Space (oder einer ähnlichen Funktion):

- Wischen Sie auf Ihrem Startbildschirm nach oben oder suchen Sie die Game Space-App in Ihrer App-Schublade und tippen Sie darauf, um sie zu öffnen. (Wenn Ihr Nord CE4 nicht über eine spezielle Game Space-App verfügt, fahren Sie mit Schritt 2 fort.)
- Entdecken Sie die Funktionen von Game Space. Möglicherweise finden Sie Optionen wie:
    - Blockieren Sie Benachrichtigungen, um in Ihr Spiel einzutauchen.
    - Schnellstart für häufig gespielte Spiele.

- Leistungsverbesserungen zur Optimierung der Rechenleistung.
- Eco-Modus, um den Akku bei längeren Gaming-Sessions zu schonen (einstellbare Einstellungen könnten einen Ausgleich bieten).

2. Aktivieren Sie die hohe Bildwiederholfrequenz (falls zutreffend):

- Gehen Sie zu Ihrer Einstellungen-App.
- Navigieren Sie zu den Anzeigeeinstellungen (möglicherweise anders benannt).
- Suchen Sie nach einer Option wie „Aktualisierungsrate" oder „Anzeigeaktualisierungsrate".
- Wählen Sie, falls verfügbar, die Option mit der höchsten Bildwiederholfrequenz (z. B. 90 Hz oder 120 Hz), um bei schnellen Spielen eine flüssigere Grafik zu erhalten.
- Denken Sie daran: Eine höhere Bildwiederholfrequenz verbraucht möglicherweise etwas mehr Batterie.

3. Passen Sie die Grafikeinstellungen im Spiel an:

- Starten Sie Ihr Lieblingsspiel.
- Suchen Sie im Spiel nach einem Einstellungsmenü (normalerweise ein Symbol wie ein Zahnrad oder ein Zahnrad).
- Erkunden Sie die Grafikeinstellungen. Möglicherweise finden Sie Optionen zum Anpassen:
    - Auflösung – Eine Verringerung der Auflösung kann die Leistung erheblich verbessern.
    - Texturqualität – Eine Verringerung der Texturqualität kann die Leistung verbessern, ohne dass es zu großen visuellen Auswirkungen kommt.

- Bildrate – Streben Sie eine stabile Bildrate an. Eine Senkung kann die Leistung verbessern.
- Experimentieren Sie mit diesen Einstellungen, um die beste Balance zwischen visueller Qualität und flüssigem Gameplay für Ihr Telefon zu finden.

4. Hintergrund-Apps zähmen:

- Wischen Sie vom unteren Bildschirmrand nach oben (oder verwenden Sie für Ihr Telefonmodell spezifische Gesten), um geöffnete Apps anzuzeigen.
- Entfernen Sie alle unnötigen Apps, die Sie nicht im Hintergrund ausführen müssen.
- Dies setzt Systemressourcen frei und verbessert möglicherweise die Spieleleistung.

Überlegungen zu Batterie und Leistung:

5. Batteriesparmodus (optional):

- Gehen Sie zu Ihrer Einstellungen-App.
- Suchen Sie nach „Batterie" oder „Batteriesparmodus".
- Wenn Sie mit starken Verzögerungen konfrontiert sind und ein reibungsloses Spielerlebnis Vorrang vor der Akkulaufzeit haben, sollten Sie den Energiesparmodus während des Spielens vorübergehend deaktivieren.
- Denken Sie daran, es später wieder zu aktivieren, um den Akku für den täglichen Gebrauch zu schonen.

6. Leistungsmodus (optional, nicht auf allen Telefonen verfügbar):

- Überprüfen Sie, ob Ihr Telefon über eine Leistungsmodus-Einstellung verfügt (lesen Sie im Benutzerhandbuch nach, wenn Sie sich nicht sicher sind).
- Dieser Modus priorisiert die Rechenleistung und verbessert möglicherweise die Leistung bei anspruchsvollen Spielen.
- Aktivieren Sie den Leistungsmodus nur bei Bedarf, da der Akku dadurch möglicherweise schneller entladen wird.

7. Hitze verwalten:

- Die Verwendung eines Gamepads oder Controllers mit Schulterauslösern kann insbesondere bei schnellen Spielen verhindern, dass Ihre Finger Teile des Bildschirms verdecken.
- Machen Sie bei längeren Gaming-Sitzungen Pausen, insbesondere wenn sich Ihr Telefon heiß anfühlt. Dadurch kann Ihr Telefon abkühlen und mögliche Überhitzungsprobleme werden verhindert.

8. Entdecken Sie Gaming-Apps von Drittanbietern (optional):

- Mehrere Gaming-Apps von Drittanbietern geben an, die Telefoneinstellungen zu optimieren und die Leistung speziell für Spiele zu steigern. Es kann sich lohnen, diese zu erkunden, aber seien Sie vorsichtig:
  - Laden Sie es nur von seriösen Quellen mit guten Bewertungen herunter.
  - Lesen Sie vor der Installation Rezensionen, um die Funktionen und möglichen Nachteile der App zu verstehen.

Game Space erkunden: Funktionen für jeden Gamer

Das OnePlus Nord CE4 verfügt über ein verstecktes Juwel für mobile Gamer: Game Space. Dieser One-Stop-Hub wurde entwickelt, um Ihr Spielerlebnis zu verbessern, indem er Einstellungen optimiert, Leistungsverbesserungen bietet und eine ablenkungsfreie Umgebung bietet. Lassen Sie uns das Potenzial von Game Space freisetzen und Ihren Nord CE4 in ein mobiles Gaming-Kraftpaket verwandeln!

Enthüllung der Funktionen:

- Launchpad für Champions: Game Space organisiert alle Ihre installierten Spiele übersichtlich an einem Ort. Kein Durchsuchen von App-Ordnern mehr – springen Sie mit einem einzigen Tastendruck direkt zu Ihren Lieblingstiteln.
- Nicht stören: Tauchen Sie ohne Unterbrechungen in das Spiel ein. Game Space kann Benachrichtigungen und Anrufe blockieren und so sicherstellen, dass Sie sich weiterhin auf das Erobern von Zielen und den Sieg konzentrieren können.
- Leistungsoptimierung (optional): Bestimmte OnePlus-Telefone mit Game Space ermöglichen es Ihnen, Ihren Spielen mehr Rechenleistung zuzuweisen. Dies kann insbesondere bei anspruchsvollen Titeln zu einem flüssigeren Gameplay führen.
- Netzwerk-Boost (optional): Erleben Sie ein stabileres Spielerlebnis mit Funktionen wie Netzwerkpriorisierung (falls verfügbar). Dadurch wird sichergestellt, dass Ihr

Spiel die optimale Netzwerkbandbreite für eine verzögerungsfreie Sitzung erhält.
- Haptischer Boost (optional): Verbessern Sie Ihr Spielgefühl durch Anpassungen des haptischen Feedbacks (bei unterstützten Modellen). Passen Sie die Vibrationsintensität fein an, um ein noch intensiveres und reaktionsschnelleres Spielerlebnis zu erzielen.
- Sprachwechsler (optional): Entfesseln Sie Ihren inneren Witzbold oder erstellen Sie eine einzigartige Persönlichkeit mit einer Stimmwechslerfunktion (bei unterstützten Modellen). Verleihen Sie Ihren Online-Interaktionen mit Freunden einen Hauch von Spaß.
- Clutch Pro-Gaming-Modus (optional): Aktivieren Sie den Pro-Gaming-Modus, um versehentliche Berührungen der Navigationsleiste und der Bildschirmränder zu blockieren und so unerwünschte Aktionen während intensiver Spielsitzungen zu verhindern (auf unterstützten Modellen).

Über die Grundlagen hinausgehend:

- Anpassbare Benutzeroberfläche: Verschönern Sie Ihren Spielraum mit Themen! Ändern Sie das Layout und den Hintergrund entsprechend Ihrem Spielstil und Ihrer Persönlichkeit (Verfügbarkeit kann variieren).
- Spielstatistiken: Verfolgen Sie Ihren Spielfortschritt und analysieren Sie Ihre Leistung mit In-Game-Statistiken. Sehen Sie, wie viel Zeit Sie in Ihre Lieblingstitel investiert haben, und identifizieren Sie Verbesserungsmöglichkeiten.
- Community-Funktionen (optional): Einige Versionen von Game Space bieten Community-Funktionen, mit denen Sie sich mit anderen Spielern vernetzen, Erfahrungen

austauschen und an Diskussionen teilnehmen können (Verfügbarkeit kann variieren).

Das Potenzial von Game Space freisetzen:

1. Greifen Sie auf Game Space zu: Wischen Sie von Ihrem Startbildschirm nach oben oder suchen Sie die Game Space-App in Ihrer App-Schublade und tippen Sie darauf, um sie zu öffnen.
2. Entdecken Sie die Funktionen: Tauchen Sie ein in die verschiedenen Einstellungen und Optionen von Game Space. Experimentieren Sie und passen Sie es an Ihre Spielvorlieben an.
3. Optimierung vor dem Spiel: Erwägen Sie vor dem Start eines Spiels die Aktivierung von Leistungsoptimierungen (falls verfügbar) und die Anpassung von Einstellungen wie Netzwerkverstärkung oder haptischem Feedback für ein maßgeschneidertes Erlebnis.
4. Nicht stören: Aktivieren Sie den Modus „Nicht stören", um Ablenkungen zu vermeiden und ganz in das Spiel einzutauchen.

Mit Game Space an Ihrer Seite verwandelt sich Ihr OnePlus Nord CE4 in einen funktionsreichen mobilen Gaming-Begleiter. Entdecken Sie die Funktionen, passen Sie Ihre Einstellungen an und dominieren Sie die Konkurrenz!

Versteckte Funktion: Erweiterte Spieleinstellungen freischalten

Nachdem Sie die Grundlagen des Gaming-Bereichs erlernt haben, ist es an der Zeit, das wahre Potenzial der Gaming-Fähigkeiten Ihres OnePlus Nord CE4 auszuschöpfen!

Erweiterte Edelsteine im Spielraum:

- Grafikoptimierung: Einige OnePlus-Telefone mit Game Space bieten möglicherweise experimentelle Funktionen wie Grafikoptimierung. Dies könnte es Ihnen ermöglichen, die Auflösung oder Bildrate im Spiel zu optimieren, um möglicherweise eine flüssigere Leistung zu erzielen. Bedenken Sie, dass dies die visuelle Qualität beeinträchtigen kann. Experimentieren Sie daher vorsichtig.
- Optimierung der Touch-Reaktion: Erkunden Sie für rasante Spiele, die stark auf Touch-Steuerung angewiesen sind, die Einstellungen zur Optimierung der Touch-Reaktion (falls verfügbar). Dies könnte die Berührungsempfindlichkeit für schnellere und präzisere Aktionen im Spiel verbessern.

Über den Spielraum hinausgehen:

- Entwickleroptionen (mit Vorsicht vorgehen): Erfahrene Spieler, die tiefer in die Materie eintauchen möchten, sollten die Entwickleroptionen in Betracht ziehen (recherchieren Sie vorher die Online-Tutorials, um

Instabilität zu vermeiden). Hier finden Sie möglicherweise versteckte Einstellungen im Zusammenhang mit der Animationsskala oder Leistungsprofilen, die möglicherweise die Spieleleistung verbessern können. Seien Sie jedoch vorsichtig, da unsachgemäße Anpassungen zu Problemen führen können.

Externe Ausrüstung für verbessertes Gameplay:

- Gamepad-Grande: Steigern Sie Ihr Erlebnis, indem Sie Ihr OnePlus Nord CE4 mit einem Bluetooth-Gamepad oder -Controller koppeln, um bei unterstützten Spielen ein konsolenähnliches Gefühl zu erzielen. Dies kann die Ergonomie verbessern und eine präzisere Steuerung ermöglichen, insbesondere bei komplizierten Titeln.
- Kühllösungen: Erwägen Sie für längere Gaming-Sessions die Verwendung einer Handyhülle mit eingebauten Kühlventilatoren oder eines separaten Kühlaufsatzes. Dadurch wird eine Überhitzung verhindert, die die Leistung drosseln und Ihr Gameplay beeinträchtigen kann.

Erweiterte Strategien zur Netzwerkoptimierung:

1. WLAN-Priorisierung: Wenn Sie WLAN nutzen, bieten einige Router Priorisierungseinstellungen an. Gewähren Sie Ihrem OnePlus Nord CE4 Gaming-Datenverkehr Priorität, um Verzögerungen durch andere Geräte im Netzwerk zu minimieren.
2. Mobile Datenoptimierung: Wenn mobile Daten Ihre Hauptquelle für Spiele sind, bieten einige Anbieter Datenoptimierungsfunktionen für bestimmte Spiele an. Diese priorisieren möglicherweise Gaming-Datenpakete für

ein reibungsloseres Erlebnis (weitere Informationen erhalten Sie bei Ihrem Mobilfunkanbieter).

Kapitel 7: Musik-Maestro

Streamen Sie Ihre Lieblingsmusik: Top-Musik-Apps

Streaming-Musikdienste haben die Art und Weise, wie wir Musik hören, revolutioniert. Mit einer Vielzahl verfügbarer Musik-Streaming-Apps können Sie gegen eine monatliche Abonnementgebühr auf Millionen von Songs bei Bedarf zugreifen. Hier sind einige der besten Musik-Streaming-Apps, die Sie in Betracht ziehen sollten:

- Spotify: Spotify ist einer der beliebtesten Musik-Streaming-Dienste weltweit und bietet eine riesige Bibliothek mit über 80 Millionen Songs. Es verfügt über eine benutzerfreundliche Oberfläche, personalisierte Wiedergabelisten und die Möglichkeit, Musik offline zu hören. Sie können zwischen einer kostenlosen Stufe mit Werbung oder einer Premium-Stufe für werbefreies Hören und eine höhere Audioqualität wählen.

- Apple Music: Apple Music ist eine gute Wahl für Apple-Benutzer und bietet eine enge Integration mit Apple-Geräten und der iCloud Music Library. Es verfügt über eine Bibliothek mit über 90 Millionen Songs und bietet kuratierte Playlists, exklusive Inhalte und Live-Radiosender. Apple Music bietet eine kostenlose Testversion an und erfordert dann eine monatliche Abonnementgebühr.

- Amazon Music: Amazon Music ist im Paket mit der Amazon Prime-Mitgliedschaft enthalten und bietet Ihnen Zugriff auf Millionen von Songs und Tausende von Playlists. Es bietet auch eine Auswahl an On-Demand-Podcasts. Wenn Sie bereits Prime-Mitglied sind, ist Amazon Music eine großartige Option zum Erkunden, insbesondere wenn Sie andere Amazon-Dienste nutzen. Zusätzlich zur Prime-Stufe gibt es auch eine separate Amazon Music Unlimited-Abonnementstufe mit höherer Audioqualität und mehr Funktionen.

- YouTube Music: YouTube Music ist eine solide Option für diejenigen, die bereits stark in das YouTube-Ökosystem investiert sind. Es bietet werbefinanziertes Musik-Streaming sowie Musikvideos, alles integriert in Ihr YouTube-Konto. Es gibt auch eine Premium-Stufe, die Werbung entfernt und eine Hintergrundwiedergabe ermöglicht.

- Tidal: Tidal ist für sein High-Fidelity-Audio-Streaming bekannt und bietet Musik in den Formaten FLAC und MQA für Audiophile, die sich die bestmögliche Klangqualität wünschen. Es verfügt über eine Bibliothek mit über 80 Millionen Songs und bietet kuratierte Playlists und exklusive Inhalte. Tidal bietet eine kostenlose Testversion an und verlangt dann eine monatliche Abonnementgebühr.

Dies sind nur einige der vielen verfügbaren Musik-Streaming-Apps. Welche App für Sie am besten geeignet ist, hängt von Ihren individuellen Bedürfnissen und Vorlieben ab.

Berücksichtigen Sie bei Ihrer Entscheidung Faktoren wie Musikbibliothek, Klangqualität, Preis und Gerätekompatibilität.

Verwenden des integrierten Musikplayers: Erweiterte Funktionen, die Sie möglicherweise verpasst haben

Während Musik-Streaming-Dienste umfangreiche Bibliotheken anbieten, kann der integrierte Musikplayer Ihres OnePlus Nord CE4 ein überraschend leistungsstarkes Tool sein. Schauen Sie über das bloße Abspielen von Songs hinaus und entdecken Sie versteckte Funktionen, die Ihr Hörerlebnis verbessern!

Enthüllung des Audio-Arsenals:

- Equalizer: Entfesseln Sie Ihren inneren Audiophilen mit dem Equalizer! Damit können Sie die Audiofrequenzen (Bässe, Höhen, Mitten) nach Ihren Wünschen feinabstimmen. Spielen Sie mit Voreinstellungen herum oder erstellen Sie benutzerdefinierte Profile für verschiedene Genres und betonen Sie den druckvollen Bass bei Rock oder die klaren Höhen bei klassischer Musik.
- Anpassbarer Sound (optional): Einige Versionen des OnePlus Nord CE4-Musikplayers bieten möglicherweise zusätzliche Soundeffekte wie Surround-Sound oder eine Bassverstärkung. Auch wenn diese Effekte nicht jedermanns Sache sind, können sie Ihrer Musik Tiefe verleihen, insbesondere wenn Sie Kopfhörer verwenden.

Experimentieren Sie und sehen Sie, ob sie Ihr Vergnügen steigern.
- Optimierung der Wiedergabegeschwindigkeit (optional): Mit dieser Funktion können Sie die Wiedergabegeschwindigkeit Ihrer Musik anpassen. Dies ist nützlich für Musiker, die ein Lied in einem langsameren Tempo üben, oder für Sprachlerner, die ihr Hörverständnis verbessern möchten, indem sie die Sprache verlangsamen.

Organisieren und erobern Sie Ihre Musikbibliothek:

- Playlist Power: Playlists sind Ihr Schlüssel zum Organisieren Ihrer Musiksammlung und zum Erstellen individueller Hörerlebnisse. Gruppieren Sie Songs nach Genre, Stimmung, Aktivität oder allem, was Ihre Kreativität anregt. Der Musikplayer sollte es Ihnen ermöglichen, ganz einfach Wiedergabelisten zu erstellen, zu bearbeiten und neu anzuordnen, damit Sie sie auch unterwegs genießen können.
- Potenzial für intelligente Wiedergabelisten (optional): Einige fortschrittliche OnePlus Nord CE4-Musikplayer bieten möglicherweise intelligente Wiedergabelisten, die automatisch basierend auf Ihren festgelegten Kriterien gefüllt werden. Erstellen Sie beispielsweise eine intelligente Wiedergabeliste, die automatisch mit kürzlich hinzugefügten oder seit einiger Zeit nicht mehr gehörten Titeln aktualisiert wird.
- Metadaten-Magie: Stellen Sie sicher, dass Ihre Musikbibliothek über das richtige Albumcover und die richtigen Metadaten (Künstler, Albumname, Genre) für ein umfassenderes Erlebnis verfügt. Der Musikplayer sollte es Ihnen ermöglichen, diese Informationen manuell zu

bearbeiten oder sie automatisch aus Online-Datenbanken abzurufen. Wenn alles organisiert ist, wird das Durchsuchen Ihrer Bibliothek zum Kinderspiel.

Über die Grundlagen der Wiedergabe hinaus:

- Lückenlose Wiedergabe: Für ein wirklich beeindruckendes Hörerlebnis, insbesondere bei klassischer Musik oder Konzeptalben, aktivieren Sie die lückenlose Wiedergabe. Dadurch wird die Stille zwischen den Liedern eliminiert und ein reibungsloser und ununterbrochener Musikfluss geschaffen.
- Singen Sie zum Liedtext (optional): Bringen Sie Ihre Lieblingslieder zum Vorschein! Einige Musikplayer können sich in Liedtextdatenbanken integrieren, sodass Sie Liedtexte synchronisiert mit der Musik anzeigen können.
- Einschlaf-Timer: Lassen Sie sich zu beruhigenden Melodien einschlafen. Stellen Sie einen Sleep-Timer ein, der die Wiedergabe nach einer bestimmten Dauer automatisch stoppt, um sicherzustellen, dass Ihr Akku nicht über Nacht leer wird.

Durch die Erkundung dieser versteckten Funktionen können Sie den Musikplayer Ihres OnePlus Nord CE4 von einer einfachen App in ein leistungsstarkes Tool zum Anpassen und Verbessern Ihres Audioerlebnisses verwandeln. Scheuen Sie sich nicht, mit den Einstellungen zu experimentieren und das wahre Potenzial Ihres integrierten Musikplayers zu entdecken!

Trick Alert: Equalizer-Einstellungen für personalisierten Sound

Der integrierte Equalizer Ihres Telefons oder Musikplayers kann ein leistungsstarkes Werkzeug zur Personalisierung Ihres Hörerlebnisses sein. Aber wo fängt man bei all diesen Schiebereglern und Knöpfen überhaupt an? Keine Angst, Sie sind dabei, ein EQ-Meister zu werden!

Das Frequenzspektrum verstehen:

- Bass (Niedrige Frequenzen): Dieser Bereich steuert das tiefe Dröhnen und Rumpeln, das oft mit Bassdrums und Bassgitarren in Verbindung gebracht wird. Durch die Verstärkung des Basses können Sie mehr Wärme und Tiefe erzielen, aber zu viel kann den Klang matschig machen.
- Mitten (mittlere Frequenzen): Hier befinden sich die meisten Vocals und Instrumente. Gitarren, Keyboards und Gesang liegen alle im mittleren Bereich. Die Anpassung der Mitten kann sich auf die Klarheit und Fülle des Klangs auswirken.
- Höhen (Hohe Frequenzen): Dieser Bereich steuert die Helligkeit und Klarheit des Klangs, der oft mit Becken, Snares und Hi-Hats assoziiert wird. Durch die Anhebung der Höhen können Details und Glanz hinzugefügt werden, zu viel kann jedoch zu Härte führen.

EQ-Einstellungen für verschiedene Genres:

- Basslastige Genres (Elektronik, Hip-Hop): Beginnen Sie mit einer leichten Anhebung des Bassbereichs (ca. 50–100 Hz), um den Tiefbass hervorzuheben. Halten Sie die Mitten

leicht reduziert, um Matschigkeit zu vermeiden. Eine leichte Höhenverstärkung (ca. 10 kHz) kann die Helligkeit erhöhen.
- Gesangsorientierte Genres (Pop, Rock): Konzentrieren Sie sich darauf, die Mitten klar und präsent zu halten (ca. 1–2 kHz). Sie können für mehr Wärme eine leichte Bassanhebung hinzufügen, aber vermeiden Sie es, es zu übertreiben. Eine subtile Höhenanhebung kann Luft und Details hinzufügen.
- Akustische Genres (Folk, Country): Für einen natürlichen Klang streben Sie einen ausgewogenen EQ mit minimalen Anpassungen an. Eine leichte Anhebung des Mitteltonbereichs kann den Klangkörper von Instrumenten und Gesang hervorheben.

Profi-Tipps für die EQ-Beherrschung:

- Beginnen Sie mit kleinen Anpassungen: Beim EQ reicht eine kleine Anpassung aus. Nehmen Sie kleine Anpassungen an jedem Frequenzband vor und hören Sie sich die Änderungen genau an.
- Verwenden Sie Referenzaufnahmen: Wenn Sie nicht sicher sind, wie eine Anpassung klingen wird, versuchen Sie es mit einem gut produzierten Song, mit dem Sie vertraut sind, als Referenz.
- Berücksichtigen Sie Ihre Hörumgebung: Die Akustik Ihrer Umgebung kann sich darauf auswirken, wie Sie Schall wahrnehmen. EQ-Einstellungen, die mit Kopfhörern großartig klingen, müssen für die Wiedergabe über Lautsprecher möglicherweise angepasst werden.
- Haben Sie keine Angst vor Experimenten! Das Schöne am EQ ist, dass es keine richtige oder falsche Antwort gibt. Experimentieren Sie mit verschiedenen Einstellungen und finden Sie heraus, was für Sie am besten klingt. Wenn Sie das Frequenzspektrum verstehen und wissen, wie es sich auf verschiedene Musikgenres auswirkt, können Sie mit dem Equalizer ein personalisiertes Hörerlebnis schaffen.

Schnappen Sie sich also Ihre Lieblingsmusik, starten Sie den EQ und entfesseln Sie Ihren inneren Tontechniker!

Teil 4: Den Alltag meistern

Kapitel 8: Produktivitätskraftwerk

Unverzichtbare Apps für jeden Bedarf

Kommunikation:

- Telefon: Mit der integrierten Telefon-App auf Ihrem Smartphone können Sie Anrufe tätigen und entgegennehmen.

- Nachrichten: Mit der integrierten Messaging-App auf Ihrem Smartphone können Sie Textnachrichten (SMS) und Multimedia-Nachrichten (MMS) an andere Telefonnummern senden und empfangen.

- WhatsApp: WhatsApp ist eine kostenlose Messaging-App, mit der Sie Textnachrichten, Sprachanrufe, Videoanrufe und Fotos mit anderen WhatsApp-Benutzern über das Internet senden und empfangen können.

- Signal: Signal ist eine kostenlose Messaging-App, die sich auf Datenschutz und Sicherheit konzentriert. Es bietet ähnliche Funktionen wie WhatsApp, jedoch mit einem stärkeren Schwerpunkt auf der Verschlüsselung.

Sozialen Medien:

- Facebook: Facebook ist eine Social-Media-App, mit der Sie mit Freunden und Familie in Kontakt treten, Updates teilen und sehen können, was in der Welt passiert.

- Instagram: Instagram ist eine Social-Media-App, mit der Sie Fotos und Videos mit Ihren Followern teilen können.

- Twitter: Twitter ist eine Social-Media-App, mit der Sie Kurznachrichten (Tweets) mit Ihren Followern teilen können.

- TikTok: TikTok ist eine Kurzvideo-Sharing-App, mit der Sie kurze Videos mit Musik, Filtern und Effekten erstellen und teilen können.

Produktivität:

- Kalender: Mit der integrierten Kalender-App auf Ihrem Smartphone können Sie Termine, Ereignisse und Erinnerungen planen.

- Notizen: Mit der integrierten Notizen-App auf Ihrem Smartphone können Sie Notizen machen, Checklisten erstellen und Sprachnotizen aufzeichnen.

- Todoist: Todoist ist eine To-Do-Listen-App, mit der Sie Aufgaben erstellen, Fristen festlegen und Ihren Fortschritt verfolgen können.

- Evernote: Evernote ist eine Notizen-App, mit der Sie Notizen machen, Checklisten erstellen, Webartikel ausschneiden und Sprachnotizen aufzeichnen können.

Finanzen:

- Mint: Mint ist eine Budgetierungs-App, mit der Sie Ihre Einnahmen und Ausgaben verfolgen, Budgets erstellen und finanzielle Ziele festlegen können.

- YNAB (You Need a Budget): YNAB ist eine Budgetierungs-App, die einen anderen Ansatz als Mint verwendet. Der Schwerpunkt liegt darauf, Ihnen dabei zu helfen, Ihr Geld für bestimmte Ziele bereitzustellen.

Nachricht:

- Apple News (iOS) oder Google News (Android): Diese integrierten Nachrichten-Apps sammeln Nachrichten aus verschiedenen Quellen und ermöglichen Ihnen die Personalisierung Ihres Feeds basierend auf Ihren Interessen.

- Feedly: Feedly ist eine RSS-Reader-App, mit der Sie Ihre bevorzugten Nachrichten-Websites und Blogs an einem Ort abonnieren können.

Unterhaltung:

- Netflix: Netflix ist ein Abonnement-Streaming-Dienst, der eine große Auswahl an Filmen und Fernsehsendungen zum Ansehen auf Abruf bietet.

- Hulu: Hulu ist ein Abonnement-Streaming-Dienst, der eine Vielzahl von Filmen, Fernsehsendungen und Live-TV-Kanälen bietet.

- Spotify: Spotify ist ein Musik-Streaming-Dienst, mit dem Sie Millionen von Songs auf Abruf anhören können.

- YouTube: YouTube ist eine Video-Sharing-Plattform, auf der Sie eine Vielzahl von Videos ansehen können, darunter Musikvideos, Filmtrailer und Lehrvideos.

Reisen:

- Google Maps: Google Maps ist eine Navigations-App, mit der Sie Wegbeschreibungen abrufen, Orte finden und die Verkehrslage anzeigen können.

- Tripadvisor: Tripadvisor ist eine Reise-App, mit der Sie Bewertungen von Hotels, Restaurants und Sehenswürdigkeiten lesen und Reisen buchen können.

- Booking.com: Booking.com ist eine Reise-App, mit der Sie weltweit nach Hotels suchen und buchen können.

Sicherheit:

- LastPass oder 1Password: Mit diesen Passwort-Manager-Apps können Sie Ihre Passwörter sicher speichern und von allen Ihren Geräten aus darauf zugreifen.

Einkaufen:

- Amazon: Amazon ist ein Online-Einzelhandelsgeschäft, das eine große Auswahl an Produkten verkauft.

- eBay: eBay ist eine Online-Auktion und ein Marktplatz, auf dem Sie eine große Auswahl an Produkten kaufen und verkaufen können.

- Walmart: Walmart ist ein Einzelhandelsunternehmen, das eine Kette von Verbrauchermärkten, Discount-Kaufhäusern und Lebensmittelgeschäften betreibt.

- Target: Target ist ein Einzelhandelsunternehmen, das eine Kette von Discountern betreibt.

Bleiben Sie organisiert mit Kalender und To-Do-Listen

Fühlen Sie sich von Aufgaben und Terminen überfordert? Diese Schritt-für-Schritt-Anleitung stattet Sie mit den Werkzeugen aus, mit denen Sie Ihren Tag meistern und ein Gefühl ruhiger Klarheit erlangen können. Indem Sie die Leistungsfähigkeit von Kalendern und To-Do-Listen nutzen, verwandeln Sie Ihren Zeitplan in eine gut funktionierende Maschine!

Schritt 1: Wählen Sie Ihre Waffen:

- Kalender: Wählen Sie eine Kalender-App aus, die für Sie geeignet ist. Zu den beliebten Optionen gehören Google Kalender, Apple Kalender, Microsoft Outlook Kalender oder ein physischer Planer. Berücksichtigen Sie Faktoren wie geräteübergreifende Zugänglichkeit, Freigabefunktionen und Benutzerfreundlichkeit.
- To-Do-Listen-App (optional): Während einige Kalender integrierte To-Do-Listen bieten, bevorzugen Sie möglicherweise eine spezielle App wie Todoist, TickTick oder Microsoft To Do. Diese bieten Funktionen wie Aufgabenpriorisierung, Fälligkeitstermine und Erinnerungen.

Schritt 2: Kalendereroberung:

1. Zeichnen Sie alles auf: Fügen Sie zunächst alle vorhandenen Termine, Fristen, Ereignisse und Erinnerungen zu Ihrem Kalender hinzu. Schließen Sie Arbeitsbesprechungen, Arztbesuche, gesellschaftliche Zusammenkünfte und alles andere ein, was Ihre Zeit erfordert.
2. Planen Sie realistisch: Seien Sie beim Hinzufügen neuer Ereignisse realistisch, wie viel Zeit jede Aufgabe in Anspruch nehmen wird. Überladen Sie Ihren Zeitplan nicht, sonst geraten Sie in Stress.
3. Farbkoordination (optional): Weisen Sie Farben verschiedenen Kategorien zu (Arbeit, Privat, Besorgungen), um einen schnellen visuellen Überblick über Ihren Zeitplan zu erhalten.

4. Wiederkehrende Ereignisse: Nutzen Sie die Funktion für wiederkehrende Ereignisse für regelmäßig stattfindende Termine, wie wöchentliche Besprechungen oder monatliche Rechnungen.
5. Integrationen (optional): Entdecken Sie Integrationen zwischen Ihrer Kalender-App und anderen von Ihnen verwendeten Tools, wie E-Mail- oder Projektmanagement-Software. Dies kann dazu beitragen, Ihren Arbeitsablauf zu optimieren und das Risiko von Terminüberschreitungen zu verringern.

Schritt 3: To-Do-Listen-Triumph:

1. Brain Dump: Erstellen Sie zunächst einen riesigen Brain Dump mit allem, was Sie erledigen müssen, ob groß oder klein. Dazu können Arbeitsaufgaben, Besorgungen, persönliche Projekte oder alles andere gehören, was Ihnen durch den Kopf geht.
2. Priorisieren Sie rücksichtslos: Nicht alle Aufgaben sind gleich. Verwenden Sie ein Priorisierungssystem (z. B. eine Dringend/Wichtig-Matrix), um zu ermitteln, welche Aufgaben Ihre sofortige Aufmerksamkeit erfordern und welche warten können.
3. Große Aufgaben aufschlüsseln: Fühlen Sie sich von einem großen Projekt überfordert? Teilen Sie es in kleinere, besser überschaubare Schritte auf. Dies wird die Aufgabe weniger entmutigend erscheinen lassen und Ihnen den Einstieg erleichtern.
4. Setzen Sie realistische Fristen: Weisen Sie Ihren Aufgaben realistische Fristen zu. Stellen Sie sich nicht auf einen Misserfolg ein, indem Sie unterschätzen, wie viel Zeit etwas in Anspruch nehmen wird.

5. Checken Sie regelmäßig ein: Überprüfen Sie Ihre To-Do-Liste im Laufe des Tages regelmäßig und passen Sie die Prioritäten bei Bedarf an. Scheuen Sie sich nicht davor, Aufgaben neu zu planen oder bei Bedarf auf den nächsten Tag zu verschieben.

Schritt 4: Ihre Kräfte bündeln:

- Harmonie von Kalender und Aufgabenliste: Mit einigen Kalender-Apps können Sie Aufgaben direkt in Ihrem Kalender erstellen. Dies kann einen nahtlosen Workflow für die Verwaltung Ihres Zeitplans und Ihrer To-Do-Liste bieten.
- Geplante Aufgaben: Planen Sie in Ihrem Kalender bestimmte Zeitblöcke ein, um an bestimmten Aufgaben aus Ihrer To-Do-Liste zu arbeiten. Dies wird Ihnen helfen, konzentriert zu bleiben und Verzögerungen zu vermeiden.

Schritt 5: Den Schwung aufrechterhalten:

- Gewohnheitsbildung: Der Aufbau konsistenter Gewohnheiten rund um die Verwendung Ihres Kalenders und Ihrer To-Do-Liste ist der Schlüssel zum langfristigen Erfolg. Planen Sie jeden Tag oder jede Woche Zeit ein, um Ihren Zeitplan zu überprüfen und Ihre To-Do-Liste zu aktualisieren.
- Überprüfen und reflektieren: Nehmen Sie sich regelmäßig Zeit, über Ihre Fortschritte nachzudenken und passen Sie Ihren Ansatz bei Bedarf an. Gibt es Aufgaben, für die Sie die Zeit ständig unterschätzen? Funktionieren bestimmte Priorisierungsmethoden bei Ihnen nicht?

Denken Sie daran, der Schlüssel liegt darin, ein System zu finden, das für Sie funktioniert, und dabei zu bleiben! Mit einem gut verwalteten Kalender und einer To-Do-Liste können Sie Ihren Tag konzentriert, effizient und mit einem neuen Gefühl der Ruhe angehen.

Versteckte Funktion: Notizen machen wie ein Profi mit versteckten Verknüpfungen

Die integrierte Notizen-App auf Ihrem OnePlus Nord CE4 kann ein leistungsstarker Begleiter sein, um Ideen festzuhalten, Informationen zu organisieren und produktiv zu bleiben. Aber wussten Sie, dass es einige clevere Verknüpfungen verbirgt, die Ihr Notizenmachen verbessern können? Lassen Sie uns diese Geheimwaffen enthüllen und Sie in einen OnePlus Nord CE4-Notizprofi verwandeln!

Allgemeine Verknüpfungen für viele Notizen-Apps:

- Formatieren im Handumdrehen: Tippen Sie beim Markieren von Text auf die gewünschte Formatierungsoption (Fett, Kursiv, Unterstrichen), die auf Ihrer Tastatur angezeigt wird, und halten Sie sie gedrückt. Dies ist eine universelle Verknüpfung für viele Notizen-Apps, einschließlich der auf Ihrem OnePlus Nord CE4. Experimentieren Sie ein wenig, um die genaue Methode herauszufinden.

- Aufzählungslisten und nummerierte Listen: Beschleunigen Sie Ihre Listenerstellung mit Tastaturkürzeln. Ein einfacher Bindestrich (-) gefolgt von einem Leerzeichen erstellt eine Liste mit Aufzählungszeichen, während eine Zahl gefolgt von einem Punkt (z. B. 1.) und einem Leerzeichen eine nummerierte Liste erstellt. Dies funktioniert in den meisten Notiz-Apps, einschließlich der Notizen-App des OnePlus Nord CE4.
- Kontrollkästchen (optional): Einige Notizen-Apps wie Google Keep ermöglichen das Erstellen von Kontrollkästchen mit Tastaturkürzeln. Prüfen Sie, ob Ihr Gerät diese Funktion bietet (häufig eine eckige Klammer „[", gefolgt von einem Leerzeichen).

Enthüllung spezieller Verknüpfungen für die Notizen-App des OnePlus Nord CE4:

Während bestimmte App-Verknüpfungen je nach Telefonmodell unterschiedlich sein können, finden Sie hier einige Funktionen, die Sie in der Notizen-App Ihres OnePlus Nord CE4 erkunden können:

- Schnelle Notizerstellung (möglich): Tippen Sie zweimal auf den Sperrbildschirm, um sofort eine neue Notiz zu erstellen. Dies könnte eine praktische Möglichkeit sein, flüchtige Ideen festzuhalten, bevor sie verschwinden.
- Schnelle Screenshot-Integration (möglich): Bei einigen OnePlus Nord CE4-Modellen können Sie einen Screenshot erstellen und automatisch eine neue Notiz zum Speichern erstellen. Sehen Sie sich die Screenshot-Einstellungen auf Ihrem Telefon an, um zu sehen, ob diese Funktion verfügbar ist.

Zusätzliche Notizenfähigkeit durch Spracheingabe:

Die Notizen-App des OnePlus Nord CE4 bietet wahrscheinlich Funktionen zur Spracheingabe. Dies kann für die schnelle Erfassung von Ideen oder für Situationen, in denen das Tippen nicht bequem ist, von entscheidender Bedeutung sein. Tippen Sie einfach auf das Mikrofonsymbol in Ihrer Notiz und beginnen Sie mit dem Diktieren Ihrer Gedanken!

Denken Sie daran: Tauchen Sie in die Einstellungen der Notizen-App Ihres OnePlus Nord CE4 ein, um alle versteckten Verknüpfungen und Funktionen zu entdecken, die es bietet. Experimentieren Sie mit verschiedenen Methoden und finden Sie heraus, was für Ihren Workflow am besten funktioniert.

Bonus-Tipp: Erwägen Sie die Verwendung cloudbasierter Notizen-Apps, um sicherzustellen, dass Ihre Notizen immer auf allen Ihren Geräten verfügbar sind. So wird Ihr Notizen-Meister noch komfortabler!

Indem Sie diese versteckten Verknüpfungen integrieren und die erweiterten Funktionen der Notizen-App Ihres OnePlus Nord CE4 erkunden, machen Sie Ihre Notizen von einer einfachen Aktivität zu einem leistungsstarken Werkzeug zur Steigerung Ihrer Produktivität und Kreativität.

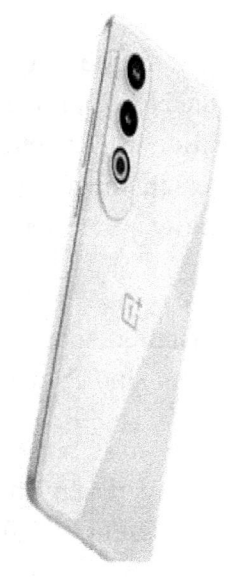

Kapitel 9: Sicherheitswissen

Bildschirmsperre und Passwörter einrichten

Ihr OnePlus Nord CE4 speichert eine Fülle persönlicher Informationen, daher ist eine starke Bildschirmsperre unerlässlich. Hier ist eine detaillierte Anleitung zum Einrichten einer Bildschirmsperre und eines Passworts auf Ihrem OnePlus Nord CE4:

Verstehen Sie Ihre Optionen:

OnePlus bietet mehrere Bildschirmsperroptionen mit jeweils unterschiedlichen Sicherheitsstufen:

- Wischen (am wenigsten sicher): Ein einfaches Wischmuster für schnelles Entsperren, aber minimale Sicherheit.
- PIN (sicherer): Ein numerischer Code (normalerweise 4–6 Ziffern) für ein gutes Gleichgewicht zwischen Komfort und Sicherheit.
- Muster (sicherer): Zeichnen Sie zum Entsperren ein Muster auf den Bildschirm. Sicherer als Wischen, aber Muster können leichter zu erraten sein als sichere PINs.
- Passwort (am sichersten): Eine Kombination aus Buchstaben, Zahlen und Symbolen für maximale Sicherheit.

Einrichten Ihres Schlosses:

1. Auf die Einstellungen zugreifen: Wischen Sie von der Benachrichtigungsleiste nach unten und tippen Sie auf das Zahnradsymbol „Einstellungen".
2. Navigieren Sie zu Sicherheit: Scrollen Sie nach unten und tippen Sie auf Sicherheit und Sperrbildschirm.
3. Wählen Sie Ihren Sperrtyp: Tippen Sie auf Bildschirmsperre. Sie sehen die verfügbaren Optionen: Wischen, PIN, Muster, Passwort.
4. Einrichten Ihres gewählten Schlosses:
   - PIN: Tippen Sie auf PIN und geben Sie zur Bestätigung zweimal Ihre gewünschte PIN (4-6 Ziffern) ein. Wählen Sie eine komplexe PIN, die nicht leicht zu erraten ist.
   - Muster: Tippen Sie auf Muster und zeichnen Sie das von Ihnen gewählte Muster in das Raster, indem Sie mindestens vier Punkte verbinden. Wiederholen Sie das Muster zur Bestätigung ein zweites Mal. Vermeiden Sie einfache Muster wie gerade Linien oder Initialen.
   - Passwort: Tippen Sie auf „Passwort" und geben Sie zur Bestätigung zweimal Ihr gewünschtes alphanumerisches Passwort (einschließlich Buchstaben, Zahlen und Symbole) ein. Erstellen Sie ein sicheres Passwort mit einer Mischung aus Groß- und Kleinbuchstaben, Zahlen und Symbolen.
5. Optionale Funktionen aktivieren (optional):
   - Entsperren per Fingerabdruck (falls aktiviert): Nachdem Sie Ihre PIN, Ihr Muster oder Ihr Passwort eingerichtet haben, werden Sie aufgefordert, Ihren Fingerabdruck für zusätzliche Sicherheit zu registrieren. Befolgen Sie die

Anweisungen auf dem Bildschirm, um Ihren/Ihre Fingerabdrücke zu registrieren.
   - Muster sichtbar machen (weniger sicher): Lassen Sie diese Option aus Sicherheitsgründen deaktiviert, da Ihr Muster beim Zeichnen ausgeblendet wird.
6. Anpassung des Sperrbildschirms (optional):
   - **Tippen Sie auf den Uhrstil, um festzulegen, wie die Uhr auf Ihrem Sperrbildschirm angezeigt wird.
   - **Doppeltippen. Doppeltippen zum Sperren, um das Sperren des Bildschirms durch Doppeltippen auf den Bildschirm zu aktivieren.

Denken Sie an Ihr Schloss!

Es ist wichtig, dass Sie sich die von Ihnen gewählte PIN, Ihr Muster oder Ihr Passwort merken. Erwägen Sie die Verwendung einer Methode, die Sie sich leicht merken können, die aber für andere nicht leicht zu erraten ist.

Zusätzliche Tipps:

- Vermeiden Sie die Verwendung von Geburtsdaten oder anderen persönlichen Daten in Ihrer PIN oder Ihrem Passwort.
- Aktivieren Sie „Mein Gerät suchen", um Ihr verlorenes oder gestohlenes Telefon zu finden und seine Daten möglicherweise aus der Ferne zu löschen

Schützen Sie Ihre Daten: Integrierte Sicherheitsfunktionen

Lockdown-Grundlagen:

- Bildschirmsperre: Als Eckpfeiler der Sicherheit Ihres Telefons schützt eine Bildschirmsperre (PIN, Muster, Passwort) Ihre Daten vor unbefugtem Zugriff. Oneplus Nord CE4 bietet PIN-, Muster- und Passwortoptionen. Wählen Sie eine starke und einzigartige Methode, die Ihnen in Erinnerung bleiben wird!
- Mein Gerät finden: Verlieren Sie nie den Überblick über Ihr OnePlus Nord CE4! Mit dieser Funktion, die in den Dienst „Mein Gerät suchen" von Google integriert ist, können Sie Ihr verlorenes oder gestohlenes Telefon aus der Ferne lokalisieren. Sie können es sogar sperren oder seine Daten löschen, um zu verhindern, dass neugierige Blicke auf Ihre Daten zugreifen.
- Sicherheitsupdates: Oneplus Nord CE4 erhält regelmäßig Sicherheitsupdates, die Schwachstellen im Betriebssystem und vorinstallierten Apps beheben. Diese Updates sind wichtig, um Lücken zu schließen, die Hacker ausnutzen könnten. Die Aktualisierung Ihrer Software ist für die Aufrechterhaltung einer starken Sicherheitslage von entscheidender Bedeutung.

Datenschutz beim OnePlus Nord CE4:

- App-Berechtigungen: Sie haben eine detaillierte Kontrolle über den Zugriff, den Apps auf Ihre Daten haben. Überprüfen und passen Sie App-Berechtigungen regelmäßig an, um sicherzustellen, dass Apps nur auf Daten zugreifen, die für ihre Funktion erforderlich sind. Zögern Sie nicht, Berechtigungen zu verweigern, die unnötig erscheinen.

- Datenverschlüsselung: Ihr OnePlus Nord CE4 verschlüsselt Ihre Daten standardmäßig, sodass sie verschlüsselt und unlesbar werden, wenn jemand physischen Zugriff auf Ihr Telefon erhält. Diese Verschlüsselung fungiert als wichtige Verteidigungslinie.
- Fingerabdrucksensor (optional): Fügen Sie mit dem Fingerabdrucksensor eine zusätzliche Sicherheitsebene hinzu. Diese biometrische Authentifizierungsmethode erfordert Ihren Fingerabdruck zum Entsperren des Telefons und ist damit sicherer als eine einfache PIN oder ein einfaches Muster.

Oneplus Nord CE4 Sicherheitsverbesserungen:

- Sicherer Ordner: Schützen Sie Ihre vertraulichsten Daten wie Dokumente, Fotos und Apps in einem sicheren Ordner auf Ihrem OnePlus Nord CE4. Für den Zugriff auf diesen Ordner ist eine zusätzliche PIN oder ein zusätzliches Passwort erforderlich, was eine zusätzliche Sicherheitsebene bietet.
- Gastmodus: Denken Sie darüber nach, Ihr Telefon jemandem zu leihen? Im Gastmodus wird ein temporäres Profil mit eingeschränktem Zugriff auf Ihre Daten erstellt. Dadurch wird sichergestellt, dass sie keinen Zugriff auf Ihre persönlichen Daten oder Dateien haben.

Über die integrierten Funktionen hinaus:

- OnePlus Nord CE4-Community-Foren: Die OnePlus Nord CE4-Benutzer-Community-Foren können eine wertvolle Ressource sein, um zusätzliche Sicherheitstipps und -tricks speziell für Ihr Telefonmodell zu erfahren. Durchsuchen Sie die Foren oder stellen Sie Fragen an andere OnePlus Nord CE4-Benutzer.

Erinnern:

- Starke Passwörter: Verwenden Sie immer sichere und eindeutige Passwörter für Ihre Telefonsperre, Ihr OnePlus-Konto und andere Online-Konten. Vermeiden Sie die Verwendung von Geburtstagen oder leicht zu erratenden Informationen.
- Phishing-Bewusstsein: Seien Sie vorsichtig bei Phishing-Betrügereien, die versuchen, Ihre Anmeldedaten zu stehlen oder Ihr Gerät zu infizieren. Klicken Sie nicht auf verdächtige Links und laden Sie keine Anhänge von unbekannten Absendern herunter.
- Regelmäßige Backups: Durch die regelmäßige Sicherung Ihrer Daten auf einem sicheren Cloud-Speicherdienst stellen Sie sicher, dass Sie im Falle eines Missgeschicks über eine Kopie Ihrer Informationen verfügen.

Indem Sie die integrierten Sicherheitsfunktionen Ihres OnePlus Nord CE4 verstehen und nutzen, können Sie einen robusten Schutz gegen unbefugten Zugriff schaffen und Ihre Daten schützen.

Tipp: Erweiterte Sicherheitsmaßnahmen: Gehen Sie über die Grundlagen hinaus

Während die integrierten Sicherheitsfunktionen Ihres OnePlus Nord CE4 eine solide Grundlage bilden, gibt es immer Raum, Ihre Abwehrmaßnahmen zu verstärken. Hier sind einige erweiterte Sicherheitsmaßnahmen, die Sie implementieren können, um Ihre Daten auf Ihrem OnePlus Nord CE4 weiter zu schützen:

App-Management:

- Play Store-Schutz: Stellen Sie sicher, dass Sie Apps nur aus dem offiziellen Google Play Store herunterladen. Der Play Store bietet im Vergleich zu App-Stores von Drittanbietern ein gewisses Maß an Überprüfung. Bevor Sie eine App installieren, lesen Sie die Rezensionen und überprüfen Sie die von der App angeforderten Berechtigungen.
- Regelmäßige App-Updates: Genau wie Software-Updates für Ihr Telefon ist es wichtig, Apps auf dem neuesten Stand zu halten. App-Updates enthalten häufig Sicherheitspatches, die Schwachstellen beheben, die Hacker ausnutzen könnten.
- Nicht verwendete Apps deaktivieren: Viele vorinstallierte Apps bleiben möglicherweise ungenutzt. Deaktivieren Sie diese Apps, um potenzielle Sicherheitsrisiken zu minimieren und Systemressourcen freizugeben.

Erkundung von Sicherheits-Apps:

- Antivirus/Anti-Malware: Erwägen Sie die Installation einer seriösen Antiviren- oder Anti-Malware-App, um zusätzlichen Schutz vor potenziellen Bedrohungen wie Malware und Phishing-Versuchen zu bieten.
- VPN: Wenn Sie häufig öffentliche Wi-Fi-Netzwerke nutzen, verschlüsselt ein Virtual Private Network (VPN) Ihren Internetverkehr und fügt so eine zusätzliche Sicherheitsebene für Ihre Datenübertragungen hinzu.

Spezifische Funktionen des OnePlus Nord CE4:

- App-Sperre (optional): Einige OnePlus Nord CE4-Modelle bieten möglicherweise eine App-Sperrfunktion, mit der Sie bestimmten Apps eine zusätzliche Sicherheitsebene hinzufügen können, für deren Zugriff eine PIN oder ein Fingerabdruck erforderlich ist. Sehen Sie sich die Sicherheitseinstellungen Ihres Telefons an, um festzustellen, ob diese Funktion verfügbar ist.
- OnePlus Password Vault (erwägen): OnePlus bietet über sein OnePlus-Konto einen Passwort-Vault-Dienst an. Dies kann eine bequeme Möglichkeit sein, Ihre Passwörter sicher zu speichern und zu verwalten.

Gewohnheitsmäßige Sicherheitspraktiken:

- Zwei-Faktor-Authentifizierung (2FA): Aktivieren Sie nach Möglichkeit die Zwei-Faktor-Authentifizierung (2FA) für Ihre Online-Konten. Dies fügt dem Anmeldevorgang einen zusätzlichen Schritt hinzu und erschwert den unbefugten Zugriff erheblich, selbst wenn Ihr Passwort kompromittiert ist.
- Vorsicht vor unerwünschten Verbindungen: Seien Sie vorsichtig, wenn Sie Ihr Telefon an nicht

vertrauenswürdige USB-Kabel oder öffentliche Ladestationen anschließen. Diese könnten Malware enthalten, die Ihr Gerät infizieren könnte.
- Phishing-Bewusstsein: Halten Sie immer Ausschau nach Phishing-Betrügereien. Klicken Sie nicht auf verdächtige Links oder Anhänge in E-Mails oder Textnachrichten und geben Sie Ihre persönlichen Daten nicht auf nicht vertrauenswürdigen Websites ein.

Bleiben Sie auf dem Laufenden:

- Sicherheitsnachrichten und Updates: Bleiben Sie über die neuesten Sicherheitsbedrohungen und Schwachstellen auf dem Laufenden. Ressourcen wie die offiziellen OnePlus-Foren oder Websites mit Cybersicherheitsnachrichten können hilfreich sein.

Teil 5: Über die Grundlagen hinaus: Tipps, Tricks und versteckte Schätze

Kapitel 10: Anpassungsecke

Themen und Hintergrundbilder: Erstellen eines personalisierten Looks

Ihr OnePlus Nord CE4 ist ein leistungsstarkes Werkzeug, kann aber auch als Leinwand für den Ausdruck Ihres Stils dienen. Themen und Hintergrundbilder sind fantastische Möglichkeiten, das Erscheinungsbild Ihres Telefons zu personalisieren. Sehen wir uns die Optionen an, die auf Ihrem OnePlus Nord CE4 verfügbar sind:

Integrierte Themen:

- Vorinstallierte Optionen: Entdecken Sie die Designoptionen, die auf Ihrem OnePlus Nord CE4 vorinstalliert sind. Diese Themen bieten möglicherweise unterschiedliche Farbschemata, Symbolstile und Hintergrundbilder, um Ihrem Telefon ein frisches Aussehen zu verleihen.
- Anpassungsoptionen: Einige integrierte Designs ermöglichen möglicherweise eine weitere Anpassung. Sie können häufig Akzentfarben, Schriftarten und sogar Symbolformen ändern, um ein einzigartiges Erscheinungsbild zu erzielen.

Neue Themen finden:

- OnePlus Theme Store: Der offizielle OnePlus Theme Store bietet eine umfangreiche Sammlung kostenloser und kostenpflichtiger Themes. Sie finden Themen in verschiedenen Stilrichtungen, von minimalistisch bis künstlerisch, ganz nach Ihrem Geschmack.
- App-Stores von Drittanbietern (optional): Seien Sie vorsichtig und erkunden Sie die in App-Stores von Drittanbietern verfügbaren Themen. Laden Sie Themes nur von seriösen Quellen mit guten Bewertungen herunter, um Malware oder Sicherheitsrisiken zu vermeiden.

Hintergrundbilder:

- Vorinstallierte Optionen: Ihr OnePlus Nord CE4 wird wahrscheinlich mit einer Sammlung vorinstallierter Hintergrundbilder geliefert. Durchsuchen Sie diese Optionen und wählen Sie eine aus, die Ihren Wünschen entspricht.
- Online-Ressourcen: Das Internet ist eine Fundgrube an Hintergrundbildern! Websites und Apps bieten eine große Auswahl an hochwertigen Hintergrundbildern zu verschiedenen Themen (Natur, Abstrakt, Kunst usw.). Entdecken und finden Sie eines, das Sie anspricht.
- Persönliche Fotos: Machen Sie Ihr Telefon wirklich persönlich, indem Sie ein Lieblingsfoto als Hintergrundbild festlegen. Das könnte eine wunderschöne Landschaft, eine geschätzte Erinnerung oder sogar ein lustiges Haustierbild sein!

Live-Hintergründe (optional):

- Integrierte Optionen: Einige OnePlus Nord CE4-Modelle bieten möglicherweise integrierte Live-Hintergründe, die Ihrem Startbildschirm eine dynamische Note verleihen. Diese Hintergrundbilder können subtile Animationen oder bewegliche Elemente enthalten.
- Apps von Drittanbietern (optional): App-Stores von Drittanbietern bieten möglicherweise Live-Hintergrund-Apps mit einer größeren Auswahl an Optionen an. Seien Sie vorsichtig und laden Sie Apps nur von vertrauenswürdigen Quellen herunter.

Anwenden von Themen und Hintergrundbildern:

- Theme-App: Die Themes, die Sie herunterladen oder anpassen, werden wahrscheinlich über die OnePlus Themes-App (oder einen ähnlichen App-Namen, je nach Modell) angewendet.
- Einstellungsmenü: Alternativ können Sie Ihr Hintergrundbild direkt im Einstellungsmenü Ihres Telefons ändern. Navigieren Sie zum Abschnitt „Hintergrund" oder „Personalisierung", um das von Ihnen gewählte Bild festzulegen.

Profi-Tipp: Stimmen Sie Ihren Look aufeinander ab!

Für eine einheitliche Ästhetik sollten Sie ein Thema und eine Tapete wählen, die einander ergänzen. Beispielsweise könnte eine Tapete mit Naturmotiv gut zu einem Thema mit Erdtönen und organischen Formen passen.

Erinnern:

- Kostenlose vs. kostenpflichtige Themes: Während kostenlose Themes leicht verfügbar sind, bieten kostenpflichtige Themes möglicherweise mehr Anpassungsoptionen und einzigartige Designs.
- Sicherheit mit Quellen von Drittanbietern: Wenn Sie Themes aus Drittanbieter-Stores erkunden möchten, stellen Sie sicher, dass Sie sie von seriösen Quellen mit guten Bewertungen herunterladen, um Malware zu vermeiden.

Indem Sie integrierte Optionen nutzen, den OnePlus Theme Store erkunden und online kreative Hintergrundbilder finden, können Sie Ihr OnePlus Nord CE4 in ein Spiegelbild Ihrer Persönlichkeit verwandeln. Lassen Sie Ihrer Kreativität freien Lauf und haben Sie Spaß beim Personalisieren Ihres Telefons!

Benachrichtigungscenter: Beherrschen von Warnungen und Einstellungen

Zugriff auf Ihr Benachrichtigungscenter:

- Wischen Sie vom oberen Bildschirmrand nach unten, um das Benachrichtigungsfeld anzuzeigen.
- Sie sehen eine Liste der letzten Benachrichtigungen von verschiedenen Apps und dem System.

Benachrichtigungsoptionen verstehen:

- Einzelne Benachrichtigungen: Jede Benachrichtigung zeigt normalerweise Informationen über die App, die sie gesendet hat, und eine Zusammenfassung der Nachricht an.

- Aktionsschaltflächen (optional): Einige Benachrichtigungen bieten möglicherweise Schnellaktionsschaltflächen, mit denen Sie direkt auf die Benachrichtigung reagieren oder mit ihr interagieren können.
- Erweitern von Benachrichtigungen: Wenn Sie auf eine Benachrichtigung tippen, wird diese möglicherweise erweitert, um weitere Details oder zusätzliche Optionen anzuzeigen.

Individuelle Benachrichtigungen verwalten:

- Nach links wischen: Wischen Sie auf einer Benachrichtigung nach links, um sie zu schließen.
- Nach rechts wischen (optional): Bei einigen OnePlus Nord CE4-Modellen werden durch das Wischen nach rechts auf einer Benachrichtigung möglicherweise app-spezifische Optionen für diese Benachrichtigung angezeigt.

Alle Benachrichtigungen löschen:

- Tippen Sie auf die Schaltfläche „Alle löschen" (normalerweise unten im Benachrichtigungsfeld), um alle Benachrichtigungen auf einmal zu schließen.

Eintauchen in die Benachrichtigungseinstellungen:

- Drücken Sie lange auf das Benachrichtigungsfeld (oder tippen Sie auf die drei Punkte in der oberen Ecke), um auf die Benachrichtigungseinstellungen zuzugreifen.

Anpassen von App-Benachrichtigungen:

- In den Benachrichtigungseinstellungen finden Sie eine Liste von Apps. Tippen Sie auf eine App, um deren Benachrichtigungseinstellungen zu verwalten.
- Hier kannst du:
  - Benachrichtigungen vollständig ausschalten: Schalten Sie den Schalter für bestimmte Apps aus, wenn Sie keine Benachrichtigungen von ihnen erhalten möchten.
  - Benachrichtigungsstil auswählen: Wählen Sie aus, wie Benachrichtigungen angezeigt werden (Ton, Vibration, Popup, Banner).
  - Priorität: Legen Sie die Benachrichtigungspriorität fest, um festzustellen, ob die Benachrichtigung den Modus „Nicht stören" umgeht.
  - Benachrichtigungstöne anpassen (optional): Ändern Sie den Benachrichtigungston für eine bestimmte App (bei einigen OnePlus Nord CE4-Modellen).

Erweiterte Benachrichtigungseinstellungen:

- Nicht stören: Planen Sie den Modus „Nicht stören" für bestimmte Zeiten oder aktivieren Sie ihn manuell, um alle Benachrichtigungen stummzuschalten.
- App-Benachrichtigungsabzeichen (optional): Verwalten Sie, wie Benachrichtigungsabzeichen (kleine Symbole, die die Anzahl ungelesener Benachrichtigungen anzeigen) auf App-Symbolen angezeigt werden.
- Ambient Display-Benachrichtigungen (optional): Steuern Sie, wie Benachrichtigungen auf dem Ambient Display angezeigt werden (bei einigen Modellen immer eingeschaltet, wenn das Telefon gesperrt ist).

Profi-Tipps für das Benachrichtigungsmanagement:

- Gruppenbenachrichtigungen: Aktivieren Sie die Benachrichtigungsgruppierung, um ähnliche Benachrichtigungen aus derselben App zusammenzufassen und so die Unordnung zu reduzieren.
- Benachrichtigungsverlauf (optional): Überprüfen Sie Ihren Benachrichtigungsverlauf (falls verfügbar), um alle Benachrichtigungen anzuzeigen, die Sie möglicherweise verpasst haben.
- Benachrichtigungstöne anpassen: Legen Sie einzigartige Benachrichtigungstöne für wichtige Apps fest, um sie leicht zu identifizieren, ohne auf Ihr Telefon zu schauen.

Versteckte Funktion: Anpassen der Schnelleinstellungen für den One-Tap-Zugriff

Zugriff auf die Schnelleinstellungen:

- Wischen Sie zweimal vom oberen Bildschirmrand nach unten (einmal, um das Benachrichtigungsfeld anzuzeigen, und noch einmal, um die Schnelleinstellungen zu erweitern).

Enthüllung der Anpassungsoptionen:

- Suchen Sie nach der Schaltfläche „Bearbeiten" (Bleistiftsymbol) in der oberen rechten Ecke des Schnelleinstellungsfensters.

- Wenn Sie auf diese Schaltfläche tippen, wird der verborgene Anpassungszauber enthüllt!

Erstellen Sie Ihr personalisiertes Schnelleinstellungsraster:

- Sie sehen ein Raster der verfügbaren Kacheln für die Schnelleinstellungen. Dabei handelt es sich um Funktionen, auf die Sie mit einem einzigen Tastendruck zugreifen können.
- In der oberen Reihe werden Ihre derzeit aktiven Schnelleinstellungskacheln angezeigt.
- Ziehen Sie Kacheln per Drag-and-Drop zwischen der oberen Reihe (aktiv) und dem unteren Bereich (inaktiv), um Ihren One-Tap-Zugriff anzupassen.

Schnelleinstellungskacheln hinzufügen oder entfernen:

- Im Bearbeitungsmodus (Zugriff durch Tippen auf die Schaltfläche „Bearbeiten") finden Sie einen Abschnitt mit der Bezeichnung „Weitere Kacheln" oder ähnlich. In diesem Abschnitt werden zusätzliche Optionen für die Schnelleinstellungen aufgeführt, die derzeit nicht angezeigt werden.
- Tippen und halten Sie eine Kachel im Abschnitt „Weitere Kacheln" und ziehen Sie sie an eine leere Stelle im aktiven Schnelleinstellungsraster, um sie hinzuzufügen.
- Um eine Kachel aus Ihren aktiven Schnelleinstellungen zu entfernen, tippen Sie einfach darauf, halten Sie sie gedrückt und ziehen Sie sie dann in den Abschnitt „Weitere Kacheln".

Erinnern:

Die verfügbaren Kacheln für die Schnelleinstellungen können je nach Modell und Softwareversion Ihres OnePlus Nord CE4 leicht variieren.

Profi-Tipps für die Beherrschung der Schnelleinstellungen:

- Priorisieren Sie häufig verwendete Funktionen: Platzieren Sie die Funktionen, die Sie am häufigsten verwenden, in der oberen Reihe, um mit einem Fingertipp darauf zuzugreifen.
- Behalten Sie ein ausgewogenes Layout bei: Halten Sie Ihr Schnelleinstellungsraster organisiert und vermeiden Sie Überfüllung für eine einfache Navigation.
- Entdecken Sie versteckte Schätze: Einige Kacheln in den Schnelleinstellungen bieten möglicherweise versteckte Funktionen. Wenn Sie beispielsweise auf die WLAN-Kachel tippen und sie gedrückt halten, können Sie möglicherweise auf ein Netzwerkeinstellungsmenü zugreifen.

Nutzen Sie die Kraft der Schnelleinstellungen:

Durch Anpassen der Schnelleinstellungen Ihres OnePlus Nord CE4 können Sie Ihr Benachrichtigungsfeld von einem einfachen Benachrichtigungscenter in ein leistungsstarkes Kontrollzentrum verwandeln. Da Ihre am häufigsten genutzten Funktionen nur einen Fingertipp entfernt sind, erleben Sie eine deutliche Effizienzsteigerung und ein optimiertes Telefonerlebnis.

Kapitel 11: Button Bonanza: Tastenkombinationen und Gesten

Beherrschen von Gesten für bessere Navigationsfähigkeiten

Gestennavigation verstehen:

- Die Gestennavigation ersetzt die herkömmlichen Navigationsschaltflächen auf dem Bildschirm (Zurück, Startseite, aktuelle Apps) durch einfache Gesten am Bildschirmrand oder im unteren Bereich.
- Diese Gesten bieten ein noch intensiveres und den Bildschirm maximierendes Erlebnis.

Gestennavigation aktivieren:

1. Zugriffseinstellungen: Wischen Sie von der Benachrichtigungsleiste nach unten und tippen Sie auf das Zahnradsymbol (Einstellungen).
2. Navigieren Sie zu System: Scrollen Sie nach unten und tippen Sie auf „System" (oder ähnlich, je nach Modell).
3. Navigation finden: Tippen Sie auf „Navigation" oder „Systemnavigation", um auf die Navigationseinstellungen zuzugreifen.
4. Wählen Sie Gestennavigation: Wählen Sie „Gestennavigation" (oder eine ähnliche Formulierung) als Ihre bevorzugte Navigationsmethode.

Zur Schaltflächennavigation wechseln:

1. Befolgen Sie die Schritte 1 und 2 oben, um auf die Navigationseinstellungen zuzugreifen.
2. Wählen Sie Schaltflächennavigation (oder eine ähnliche Formulierung) als bevorzugte Navigationsmethode.

Schalten Sie Navigationsgesten frei, von denen Sie nicht wussten, dass sie existieren

Schnelle Gesten:

- Navigieren Sie zum Einstellungsmenü Ihres OnePlus Nord CE4. Suchen Sie je nach Modell nach Optionen wie „Schaltflächen und Gesten", „Systemsteuerung" oder Ähnlichem.
- Suchen Sie nach einem Abschnitt mit der Überschrift „Schnelle Gesten" oder „Gesten". Dieser Abschnitt bietet möglicherweise Funktionen wie:
  - Zeichnen Sie einen Kreis, um die Kamera zu öffnen: Zeichnen Sie einen Kreis auf dem Sperrbildschirm oder dem deaktivierten Bildschirm, um die Kamera-App sofort zu starten.
  - Doppeltippen zum Aufwachen/Rufen: Aktivieren Sie diese Funktion, um Ihr Telefon durch zweimaliges Tippen auf den Bildschirm aufzuwecken und durch erneutes zweimaliges Tippen zu sperren.

- Musiksteuerungsgesten: Zeichnen Sie bestimmte Symbole auf dem Bildschirm (Wiedergabe/Pause, vorwärts/rückwärts springen), um die Musikwiedergabe zu steuern, ohne Ihr Telefon zu entsperren (bei einigen Modellen).

App-spezifische Gesten:

- Einige Apps bieten möglicherweise eigene Gestensteuerungen an. Diese Gesten können spezifisch für die Funktionalität dieser App sein.
- Mit einer Galerie-App können Sie beispielsweise auf Bildern nach links/rechts wischen, um zwischen ihnen zu wechseln, oder durch Antippen und Halten die Bilder vergrößern.
- Durchsuchen Sie das Einstellungsmenü in den einzelnen Apps, um etwaige versteckte Gestensteuerungen zu entdecken.

Erweiterte Gestenanpassungen:

- Bei einigen OnePlus Nord CE4-Modellen können Sie möglicherweise Navigationsgesten anpassen, die über die grundlegenden Funktionen „Zurück", „Startseite" und „Letzte Apps" hinausgehen.
- Suchen Sie in Ihrem Einstellungsmenü nach Optionen wie „Navigationsleisteneinstellungen" oder „Anpassung der Navigationsgesten". Hier können Sie möglicherweise Folgendes tun:
    - Passen Sie die Gestenempfindlichkeit an (wie weit Sie wischen müssen, um eine Geste zu aktivieren).
    - Aktivieren Sie zusätzliche Gesten wie das Wischen aus den unteren Ecken für bestimmte Aktionen.

Abschluss

Glückwunsch! Sie haben das Ende dieser Anleitung zu Ihrem OnePlus Nord CE4 erreicht. Wir haben ein riesiges Gebiet erkundet, von der Personalisierung des Erscheinungsbilds Ihres Telefons über die einfache Navigation bis hin zur Behebung häufiger Unebenheiten auf der Straße. Jetzt sollten Sie gut gerüstet sein, um das volle Potenzial Ihres OnePlus Nord CE4 auszuschöpfen und es zu einer echten Erweiterung Ihrer selbst zu machen.

Erinnern: Dieser Leitfaden dient als Ausgangspunkt für Ihre Erkundung. Die Welt der Technologie entwickelt sich ständig weiter und Ihr Telefon bildet da keine Ausnahme. Durch Software-Updates können aufregende neue Funktionen eingeführt werden, und Sie können jederzeit tiefer in die umfangreichen online verfügbaren Ressourcen eintauchen, um noch mehr Möglichkeiten zur Personalisierung und Optimierung Ihres Telefons zu entdecken.

Hier ist eine kurze Zusammenfassung der wichtigsten Erkenntnisse aus diesem Leitfaden:

- Personalisieren Sie Ihren Raum: Sie haben gelernt, wie Sie Themen, Hintergrundbilder und Benachrichtigungstöne festlegen, um ein Telefon zu erstellen, das Ihren einzigartigen Stil widerspiegelt.
- Beherrschen Sie die Navigation: Wir haben sowohl die Gestennavigation als auch die Tastennavigation untersucht, sodass Sie die Methode auswählen können, die sich für Sie am intuitivsten anfühlt.

- Versteckte Schätze: Sie haben versteckte Funktionen wie das Anpassen von Schnelleinstellungen und Navigationsgesten für zusätzliche Effizienz entdeckt.
- Fehlerbehebung leicht gemacht: Wir bieten Ihnen Lösungen für häufige Probleme wie WLAN-Probleme oder langsame Leistung, damit Ihr Telefon reibungslos funktioniert.
- Den Fachjargon verstehen: Das Glossar bietet eine Grundlage für das Verständnis gängiger Smartphone-Begriffe und ermöglicht es Ihnen, sicher durch Einstellungen und Funktionen zu navigieren.

Das Schöne an der Technologie ist ihr Potenzial, unser Leben zu vereinfachen und unsere Erfahrungen zu verbessern. Ihr OnePlus Nord CE4 ist ein leistungsstarkes Werkzeug, das darauf wartet, erkundet zu werden. Lernen Sie weiter, passen Sie es weiter an und entdecken Sie immer wieder neue Möglichkeiten, die Funktionen Ihres Telefons zu nutzen.

Eine letzte Anmerkung: Haben Sie keine Angst vor Experimenten! Das Schlimmste, was passieren kann, ist, dass Sie eine Einstellung ändern und sie Ihnen nicht gefällt – Sie können jederzeit zurückwechseln. Das Wichtigste ist, herauszufinden, was für Sie am besten funktioniert und es Ihnen ermöglicht, das Beste aus Ihrem OnePlus Nord CE4 herauszuholen.

Wir hoffen, dass dieser Leitfaden ein wertvoller Begleiter auf Ihrer OnePlus Nord CE4-Reise war. Machen Sie sich jetzt auf den Weg und erobern Sie die Welt – mit einem Fingertipp, einem Wisch oder einem Klick nach dem anderen!

Teil 6: Anhang

Fehlerbehebung bei häufigen Problemen: Schnelle Lösungen für alltägliche Probleme

Verbindungsprobleme:

- W-lan:
    - Problem: WLAN stellt keine Verbindung her oder bricht die Verbindung ständig ab.
    - Fix: Starten Sie Ihr Telefon und Ihren Router neu. Stellen Sie sicher, dass Sie das richtige WLAN-Passwort eingeben. Vergessen Sie das Wi-Fi-Netzwerk auf Ihrem Telefon und fügen Sie es erneut hinzu.
- Bluetooth:
    - Problem: Bluetooth stellt keine Verbindung oder Kopplung mit Geräten her.
    - Fix: Starten Sie Ihr Telefon und das Bluetooth-Gerät neu. Stellen Sie sicher, dass Bluetooth auf beiden Geräten aktiviert ist. Vergessen Sie die Bluetooth-Verbindung auf Ihrem Telefon und versuchen Sie es erneut.

Performance-Probleme:

- Langsame Leistung:
    - Problem: Das Telefon fühlt sich träge an oder reagiert nicht.
    - Fix: Schließen Sie alle nicht verwendeten Apps, die im Hintergrund ausgeführt werden. Starten Sie Ihr

Telefon neu. Suchen Sie nach Software-Updates und installieren Sie diese, falls verfügbar. Erwägen Sie die Deinstallation ungenutzter Apps, um Speicherplatz freizugeben.

App-Probleme:

- App-Absturz:
    - Problem: Eine bestimmte App stürzt immer wieder unerwartet ab.
    - Fix: Erzwingen Sie das Schließen der App und starten Sie sie neu. Löschen Sie den Cache und die Daten der App (Einstellungen > Apps > App auswählen > Speicher > Cache leeren/Speicher löschen). Installieren Sie die App neu, wenn das Problem weiterhin besteht.

Batterieprobleme:

- Schnelle Batterieentladung:
    - Problem: Der Akku wird schnell leer.
    - Fix: Identifizieren Sie Apps, die den Akku verbrauchen (Einstellungen > Akku). Schließen Sie unnötige Hintergrund-Apps. Passen Sie die Einstellungen für die Bildschirmhelligkeit an. Deaktivieren Sie Ortungsdienste oder WLAN, wenn Sie es nicht verwenden. Benachrichtigungen reduzieren.

Andere häufige Probleme:

- Touchscreen reagiert nicht:

- Fix: Starten Sie Ihr Telefon neu. Reinigen und trocknen Sie Ihre Finger und den Bildschirm. Stellen Sie sicher, dass Sie keinen Displayschutz verwenden, der die Berührungsempfindlichkeit beeinträchtigt.

Erinnern:

- Dies sind allgemeine Tipps zur Fehlerbehebung. Die spezifischen Schritte können je nach Modell und Softwareversion leicht variieren.
- Wenn die Probleme nach dem Ausprobieren dieser Schnellkorrekturen weiterhin bestehen, konsultieren Sie die offizielle OnePlus-Support-Website oder Benutzerforen für fortgeschrittenere Lösungen.

Glossar der Begriffe: Smartphone-Jargon entmystifizieren

Die Welt der Smartphones kann voller Fachbegriffe sein. Hier ist ein Glossar, um einige häufig verwendete Begriffe zu entschlüsseln, die Ihnen bei der Verwendung Ihres OnePlus Nord CE4 begegnen könnten:

Allgemeine Geschäftsbedingungen:

- OS (Betriebssystem): Die Software, die die Kernfunktionen des Telefons steuert, wie Apps, Einstellungen und Hardwarekommunikation. (z. B. Android auf OnePlus Nord CE4)
- UI (Benutzeroberfläche): Das visuelle Layout und die Art und Weise, wie Sie mit den Funktionen des Telefons (Symbole, Menüs usw.) interagieren.
- RAM (Random Access Memory): Tempcrärer Speicher, der häufig verwendete Daten speichert, damit Apps schnell darauf zugreifen können.
- Speicher: Permanenter Speicherplatz für Apps, Fotos, Musik etc. (interner Speicher oder erweiterbar per microSD-Karte).
- CPU (Central Processing Unit): Das Gehirn des Telefons, verantwortlich für die Verarbeitung von Informationen und Anweisungen.
- GPU (Graphics Processing Unit): Verwaltet die Grafikverarbeitung für Aufgaben wie Spiele und Videowiedergabe.

Konnektivität:

- Wi-Fi: Drahtlose Internetverbindung zum Surfen, Herunterladen und Streamen.
- Bluetooth: Drahtlose Technologie zur Verbindung mit Kopfhörern, Lautsprechern und anderen Geräten.
- NFC (Near Field Communication): Drahtlose Kommunikation über kurze Entfernungen für kontaktloses Bezahlen oder Datenaustausch.
- GPS (Global Positioning System): Verwendet Satelliten, um Ortungsdienste für Karten und Navigation bereitzustellen.

Sicherheit:

- PIN (Persönliche Identifikationsnummer): Ein numerischer Code, der zum Entsperren Ihres Telefons verwendet wird.
- Muster: Eine Folge von Tippen auf ein Raster, um Ihr Telefon zu entsperren.
- Passwort: Eine Kombination aus Buchstaben, Zahlen und Symbolen für sichere Anmeldungen.
- Fingerabdrucksensor: Verwendet Ihren Fingerabdruck zur biometrischen Authentifizierung, um das Telefon zu entsperren.
- Verschlüsselung: Verschlüsselt Ihre Daten auf dem Gerät, um sie vor unbefugtem Zugriff zu schützen.

Andere Bedingungen:

- App (Anwendung): Softwareprogramme, die für bestimmte Zwecke entwickelt wurden (Spiele, soziale Medien, Produktivitätstools).
- Cache: Temporäre Speicherung von Daten zum schnelleren Laden der App.

- Benachrichtigung: Benachrichtigungen von Apps oder dem System über neue Nachrichten, Updates usw.
- Software-Update: Neue Versionen des Betriebssystems oder der Apps, die Fehlerbehebungen, neue Funktionen und Sicherheitsverbesserungen bieten.
- Umgebungsanzeige: (Optionale Funktion bei einigen Telefonen) Energiesparende Anzeige, die Uhrzeit, Benachrichtigungen oder andere Informationen auf dem Sperrbildschirm anzeigt.

Wenn Sie diese Begriffe verstehen, sind Sie bestens gerüstet, um sich in der Welt der Smartphone-Einstellungen, -Funktionen und -Fehlerbehebung zurechtzufinden. Viel Spaß beim Entdecken!

www.ingramcontent.com/pod-product-compliance
Lightning Source LLC
Chambersburg PA
CBHW050308230526
45471CB00005B/2074